Korean-English Edition

STB 상생방송 「환단고기」 북콘서트

환국문화의 고향
유라시아를 가다

Korea, Russia, and
the Hwanguk Civilization

러시아편

[한영대역]
STB상생방송 『환단고기』 북콘서트 (러시아편)

환국문화의 고향 유라시아를 가다

발행일   2021년 6월 21일 초판 1쇄
저자   안경전
발행처   상생출판
발행인   안경전
주소   대전시 중구 선화서로 29번길 36(선화동)
전화   070-8644-3156
팩스   0303-0799-1735
홈페이지 www.sangsaengbooks.co.kr
출판등록 2005년 3월 11일(175호)
ISBN   979-11-91329-12-4
         979-11-91329-11-7 (세트)

Korean-English Edition

STB 상생방송 『환단고기』 북콘서트 러시아편

환국문화의 고향

유라시아를 가다

Korea, Russia, and
the Hwanguk Civilization

안경전 · Ahn Gyeong-jeon | 지음

A Hwandan Gogi Lecture in Moscow

상생출판

일러두기

저자 안경전安耕田은 한민족과 인류의 시원역사와 원형문화를 밝히기 위해 국내외 문헌 탐색은 물론 동북아를 비롯하여 지구촌 곳곳의 역사 현장 답사와 자료수집에 정성을 쏟았다. 그렇게 정성을 쏟은 지 30여 년, 마침내 방대한 주해와 해제까지 붙인『환단고기』번역·역주본(상생출판, 2012)이 출간되었다. 안경전은『환단고기』역주 완간본을 출간한 후, 대한민국, 미주, 유럽, 일본, 러시아, 카자흐스탄, 인도의 주요 도시에서 환단고기 북콘서트를 진행했다.

본서는 저자가 2016년(道紀 146년) 2월 20일(陰 1월 13일), 러시아 코르스톤 호텔 모스크바에서 열린 '환단고기 북 콘서트'에서 강연한 내용이다.

ABOUT THE AUTHOR

His Holiness the Jongdosanim, Ahn Gyeong-jeon, is the leader of Jeung San Do. After thirty years of dedicated investigation and study, Jongdosanim published in 2012 a full translated and annotated version of *Hwandan Gogi*, a priceless compilation of historical records that unveils the origin of civilization. Since the launch of the book, he has been on a world-wide book tour, delivering a series of speeches around the globe.

This book is based on the speech delivered to an audience by Jongdosanim at the "Conversation with the Author" event in Moscow, on February 20, 2016.

§ 차 례 §

서론 _ 10

제1부   한국 상고사의 진실과 왜곡 그리고 러시아 22
        • 한국사의 진실 22
        • 러시아 통사通史, 유라시아 대륙에 꽃핀 러시아 역사... 76

제2부   러시아 대륙에 잠들어 있는 환국문화 112
        • 인류 시원문명의 발원지, 환국 112
        • 환국의 인류 원형문화, 신교................................. 146
        • 기하학 도형 해석의 문화원전, 천부경 160

제3부   한국과 러시아의 새로운 만남 174
        • 환국의 땅, 러시아 174
        • 근대에 만난 러시아와 한국, 그리고 앞으로의 비전.....194

§ Contents §

Introduction _ 11

Chapter 1 Facts About Ancient Korea and a Brief Overview
of Russian History...23
• Facts About Ancient Korea............................... 23
• An Overview of Russian History......................... 77

Chapter 2 Archaeological Evidence
of the Hwanguk Civilization in Russia 113
• The Golden Age of Humankind 113
• The Forgotten Religion of the Ancients............. 147
• The World's Oldest Sacred Text....................... 161

Chapter 3 Past and Future Links Between Korea and Russia .175
• The Ancient Connection Between Korea and Russia 175
• Korean-Russian Relations in Modern History
and Their Future 195

서론

　제가 약 30여 년 전, 이곳 러시아를 처음 역사문화 답사할 때 첫 수도였던 상트페테르부르크의 네바강을 걸으며, 북녘과 가까운 강물의 신비스러운 물결을 보면서 큰 영감을 받았었습니다. 그때 제 가슴속에서 '러시아에 흐르고 있는 역사문화 정신의 본질은 무엇인가?' 이것을 알고 싶은 강한 열망이 가슴속에서 솟구쳤습니다.

　결론은 역사 전쟁입니다. 역사관 전쟁입니다. 동북아 문화·역사 주권 전쟁입니다. 19세기 후반부터 인류사의 중심축은 바로 이 동북아로 이동하기 시작했습니다.

　러시아는 진정으로 방대한 대국인 동시에 동서양을 아우르는 유일한 나라입니다. '블라디보스토크에서 해가 뜨면 이 페테르부르크에서는 해가 진다.'고 합니다. 지난 역사 과정을 보면 항상 끊임없는 침략을 받아왔기 때문에 국경을 밖으로 넓히는 것이 불안에서 벗어날 수 있는 길이었습니다. 여기에서 저는 **침략을 받으면 오히려 역으로 더 강력히 침략하는 개척정신이 살아있다는 것**을 느꼈습니다.

　러시아는 **동서양의 원형문화**原型文化 **정신**이 그대로 살아있습니다. 그리고 러시아는 **그리스 정교를 받아들여 전통 종교와 조화, 공존이 잘** 이루어져 있습니다.

　전통과 공존의 문화가 있는 러시아에는 새로운 문화를 창조할 수 있는 잠재력이 있습니다. 러시아 혁명적 사상가이자 철학자인 차다예프(1794~1856)는 이런 말을 남겼습니다.

차다예프 ▶

Introduction

Thirty years ago, when I visited Russia for the first time to explore its history and culture, I obtained great inspiration as I walked along the Neva River, which flows through the city of Saint Petersburg. The powerful and mysterious waves of the river inspired and awakened my heart. It was then that I felt the powerful surge of an aspiration to search for the origins of Russia.

The world is at war. It is a 'history war' we are fighting, a war caused by conflicting historical perspectives. Unresolved historical issues are at the heart of rising tensions in Northeast Asia, too, which has moved to the center stage of global concerns since the late nineteenth century. Two of the core countries constituting Northeast Asia are Korea and Russia.

Russia is the only country that straddles the East and the West. It is truly a powerful country with a huge territory. People say that when it is night in St. Petersburg, the sun is already rising above the horizon in Vladivostok. Russia has been endlessly invaded by foreign powers throughout history, so they sought to overcome this insecurity with a strategy of expanding their national boundaries. This ambitious and active spirit of the Russians is still alive to this day.

The Russians have preserved many aspects of the earliest human culture. They successfully integrated elements of their own indigenous spirituality into Christianity, giving birth to the Russian Orthodox Church. 7

Russia is a land possessing a great potential for a glorious future. The Russian philosopher Pyotr Yakovlevich Chaadaev (1794–1856) expressed his affirmation of the great mission of Russia in *The Apology of a Madman*:

◀ Pyotr Yakovlevich Chaadaev (1794–1856).

"나는 우리 **러시아**가 사회 질서의 문제 대부분을 해결하고, **구 사회에서 발생한 대부분의 과제를 성취하고, 인류에게 매우 중대한 질문에 대해 답변하는 사명을 받았다는 내적인 확신**을 가지고 있다."

러시아 문화 정신에 제가 공경하는 큰 상징성이 있습니다. 바로 인류 문화사에서 모든 **인간의 깨달음을 상징하는 우주 원십자**가 있습니다.

우주 원십자는 우리 인간이 추구하는 모든 가치를 상징합니다. 예를 들어 **자연의 본성, 인간과 신의 마음, 균형과 조화, 행복감과 평화로움,** 그리고 이 **우주 생명의 궁극의 신비, 존재의 문제,** 이런 모든 긍정적 가치를 대표하며 불교의 스님들이 평생을 걸고 추구하는 **도통의 문제, 깨달음의 근본 주제의 해답**이 바로 이 **우주 원십자**에 있습니다.

이 **우주 원십자**는 바로 동서고금의 인류 문화를 관통하는 '**원형문화의 상징**'입니다. 오늘 이 시간에는, 우리가 원형문화를 좀 더 새롭고 중대한 의미로 받아들여야 되겠습니다. **원형문화란 동서고금 인류 문화 창조의 원형정신**입니다. 문화에도 유전자가 있습니다. **몇천 년, 몇만 년이 흘러도 변치 않는,** 모든 인간이 자연에 적응하면서 동경하고 추구하는 궁극의 가치, 진리에 대한 진정한 깨달음, 즉 **문화를 창조하고 결정짓는 궁극의 유전자, 문화 유전자, 문화의 원형질**을 원형문화라고 합니다. 우리가 아프리카를 가든, 서유럽을 가든, 스코틀랜드, 동유럽권, 지금 여기 러시아 시베리아의 모든 영역, 또 아메리카 인디언 문화, 중남미 문화, **지구의 전 영역에는 인류 문화 원형의 상징인 원십자**가 있습니다.

I have the inner conviction that we are called upon to resolve most of the problems in the social order, to accomplish most of the ideas which arose in the old societies, to make a pronouncement about those very grave questions which preoccupy humanity.

There is a mystical pattern, a symbol of enlightenment, that I admire, that is repeatedly found in Russian traditional art. It is a cross. Before it became the symbol of the Christian religion, the cross was already in wide use in the ancient world. It was a symbol that represented a wide array of positive values—balance, harmony, spiritual fulfillment, and inner peace—that human beings seek to attain, practice, and observe in their daily lives. It also symbolized profound mysteries of existence, the divinity of God and every human being, and the ultimate destination of our inner journey. This symbol contains answers to the questions of enlightenment and of spiritual inspiration that spiritual seekers throughout history have been passionately pursuing through their lifelong path of spiritual awakening.

The cross is a pattern that appears in both ancient and modern art in both the Eastern and Western worlds. This kind of pattern can be the key to accessing the mystery of the ancient world. Like a genetic code, the universal knowledge of symbols remains consistent across time and space, no matter how many years pass. Wherever you go on earth—whether to Africa, Western Europe, Eastern Europe, North America, or Central and South America—you find universal symbols, one of them the cross.

원십자 문양을 한번 보실까요? 현재 삼성 리움 미술관에 있는 **단군조선 때 팔주령**인데 자세히 보면 **원십자**가 있습니다. 왜 저기에 원십자가 있는가? 저 사람들이 예수 성자를 믿은 것이 아닙니다. 예수가 탄생하기 천 년, 2천 년 전이니까요.

태양 형상의 청동기
(모스크바 국립역사박물관)

A bronze disk on display
at the State Historical
Museum in Moscow.

모스크바 박물관에 있는 **태양 원십자** 청동기입니다. **가운데에 다섯**이란 수가 있습니다.

3천 년 전의 원십자 조형물. 이것이 **여덟로 되어 있지만 근본은 동서남북, 원십자**의 형태가 나타납니다.

에르미타주 박물관에 전시된 그릇인데 안 테두리를 보면 **13개의 원십자**가 그려져 있습니다.

원십자 문양이 있는 팔주령八
珠鈴(국보 제255호, 한국 삼성
미술관 리움)

A bronze bell-rattle from
Korea's Joseon (2333–238
BCE) period.

3천 년 전 원십자 유물
(모스크바 국립역사박물관)

Disks from three thou-
sand years ago, exhibited
at the State Historical
Museum, Moscow.

13개의 원십자가 그려진 그릇
(상트페테르부르크 에르미타
주박물관)

A plate on display at the
State Hermitage Museum,
Saint Petersburg.

What you are seeing on the screen [picture 1] right now is an artifact from Korea's Joseon (2333–238 BCE) period, exhibited at Leeum, Samsung Museum of Art, Seoul. It is a bronze bell-rattle with eight small bells attached. Engraved in the center is a cross symbol. It was crafted a thousand years before Christ was born.

The next slide [picture 2] shows a bronze disk on display at the State Historical Museum in Moscow. On its surface is carved a sun-shaped symbol. In the center of the sun are embossed five dots in the shape of a cross.

On another disk from around three thousand years ago exhibited at the State Historical Museum is painted an eight-spoked asterisk [picture 3]. The asterisk consists of two crosses.

The next slide [picture 4] shows a plate on display at the State Hermitage Museum in Saint Petersburg. Within the circular ring on the bottom of the plate are inlayed thirteen cross symbols.

에르미타주 박물관에 있는 **동방 정교의 원십자** 장식입니다.

모스크바 박물관에 있는 **원십자 목걸이**입니다.

마지막으로 브리야트 민속박물관 입구 위쪽에 **원십자 문양을 삼수로** 넣어놨습니다.

우주 원형문화의 상징이 **원십자**입니다. 러시아에서는 이러한 원십자를 지금 국교로 가지고 있습니다. 직접 답사를 해 보면 **동방 정교**만 해도 **동방문화의 원형**을 많이 가지고 있습니다. **러시아 정교는 사실상 동서 원형문화의 집대성, 종합판**이라 말할 수 있는 측면도 있습니다.

동방 정교회의 원십자 장식
(에르미타주박물관)
A cross symbol at the
State Hermitage
Museum.

원십자 문양이 새겨진 목걸
이 (모스크바 역사박물관)
A necklace on display
at the State Historical
Museum in Moscow.

세 개의 원십자를 장식한 브
리야트 민속박물관
(바이칼 서쪽, 우스찌오르다)
The outer wall of an
ethnographic museum
in Ust'-Orda is decorated
with three large crosses.

Also at the State Hermitage Museum, you will find cross symbols designed for the Eastern Orthodox Church [picture 1].

Now, this [picture 2] is a necklace exhibited at the Historical Museum in Moscow. A cross symbol is engraved on the clasp of the necklace.

The next slide [picture 3] shows the gate of an ethnographic museum in Ust'-Orda, a Buryat village west of Baikal. The outer wall is decorated with three large crosses.

As you have just seen, the cross was an ancient symbol, as well as a symbol of Russian Orthodox Christianity. In fact, the Russian Orthodox Church is an excellent reconciliation of Eastern and Western religions. While studying Russian culture through visits to their ethnic museums and local communities, I found Russian culture retains many aspects of ancient Eastern Asian culture.

오늘 이 원형문화를 총체적으로 이해할 수 있는 한국 문화사에서 나온 두 권의 역사서가 있는데, 하나는 우리가 잘 알고 있으며 한국을 대변하는 정통사서인 『삼국유사三國遺事』입니다. 1281년에 나온 이 사서의 고조선조 첫 머리 부분을 보면 '석유환국昔有桓國'이라는 구절이 있습니다. 옛적에 환국桓國이 있었다. 옛적에 밝은 나라, 이 우주의 빛을 체험한 삶을 살았던 사람들의 나라가 있었다! '석유환국昔有桓國' 이것이 오늘 강론 전체의 근본주제이기도 합니다.

昔有桓国
석 유 환 국

옛적에 환국이 있었다

"Hwanguk existed long ago."
("Old Joseon" chapter,
Samguk Yusa)

그렇다면 이 광명의 나라가 언제 어디에서 누구에 의해 얼마동안 지속된 걸까요? 태고의 가장 오래된 인류의 첫 문명국인 환국桓國은 어떤 역사를 가지고 있을까요?

이 역사가 기록된 책이 한국에서 지난 천 년 동안 다섯 분에 의해서 기록된 『환단고기桓檀古記』입니다. 이 책은 다른 역사서와는 다르게 매우 특이한 한 가지 특징을 가지고 있습니다. 바로 우주관을 근본으로 동서 모든 문명의 고향이라 할 수 있는 환국 문명의 삶이 기록된 책입니다.

There are two books I would like to share with you today that are important for understanding this universal culture of the ancient world. Both of them are Korean history texts. One is well known to the academic world as a representative Korean history text: *Samguk Yusa* ("*Memorabilia of the Three Kingdoms*"; dated to ca. 1281 CE). The book's first chapter, titled "Old Joseon," has a statement: "Hwanguk existed long ago." "Hwanguk" literally means "Radiant Nation." The people of Hwanguk were able to freely access the spirit realm, and their bright inner light shone outward to one another.

Although *Samguk Yusa* states that Hwanguk was the oldest civilization of humanity, many questions remain unanswered. When was this country founded? How long did it last? Who were the first settlers? What were the characteristics of its culture? The second book gives answers to these questions. This second book is *Hwandan Gogi* ("*Ancient Records of Hwan and Dan*"). Written in ancient characters, it is a compilation of multiple books written by five Korean sages over the span of a thousand years. *Hwandan Gogi* contains detailed accounts of Hwanguk, the origin and homeland of all human civilizations of the East and the West. Notably, *Hwandan Gogi* has a very special feature that differs from other history books: this book demonstrates the authors' profound understanding of the cosmos.

『환단고기』 완역본
(안경전安耕田 역주, 상생출판)

Hwandan Gogi, translated and annotated by Ahn Gyeong-jeon, published by Sangsaeng Publication (2012).

『삼국유사』와 『환단고기』를 통해 우리는 태고 문명이 잠들어 있는 땅, 러시아의 시원역사와 상고역사를 새롭게 인식할 수 있습니다. 이 책들에 기록돼 있는 '석유환국', 옛적에 환국이 있었다고 하는 이 환국을 우리가 믿을 수 있는가? 오늘은 긍정적인 마음으로 **환국이, 지구촌 태고문명이 이 러시아 땅에 잠들어 있다**는 것을 이야기해 보기로 하겠습니다. **환국문명을 이해할 수 있는 여러 가지 유물**이 상당 부분 발굴되어 러시아 전역에 전시되어 있습니다.

오늘 본론 말씀을 세 가지 주제로 잡았습니다. 첫째는 **한국 고대사의 진실과 왜곡 그리고 러시아**, 둘째는 **러시아대륙에 잠들어 있는 환국문화**, 끝으로 셋째는 **한국과 러시아의 새로운 만남**입니다.

Both *Samguk Yusa* and *Hwandan Gogi* testify that there existed in ancient times an advanced civilization named 'Hwanguk.' Did Hwanguk really exist? As I go through my presentation, you will discover that Hwanguk spanned a large land mass that included Russia, and hidden in Russia is extensive archaeological evidence of Hwanguk.

In the first segment of my presentation, I will take you through ancient Korea and discuss how its history has become so under-represented or marginalized. I will also provide a brief overview of Russian history. Then, in the second segment, we will discover the traces of the Hwanguk civilization that remain in Russia. And finally, in the third segment, we will examine the historic link between Korea and Russia in expectation of more hopeful future relations between the two countries.

제1부
한국 상고사의 진실과 왜곡 그리고 러시아

한국사의 진실

본론으로 들어가서 지난 6,70년 동안 한국의 역사학계, 또는 일본, 중국, 일부 러시아의 뛰어난 연구진들이 **한국 고대사의 진실과 왜곡을** 찾기 위해 공동 발굴을 진행하고 많은 논문들이 나왔는데 아직까지 한국은 **일본 제국주의와 중국 침략사관이 왜곡한 역사**를 그대로 믿고 있습니다. 그것을 역사의 진실로 알고 있다는 겁니다!

그래서 오늘은 이러한 **왜곡된 진실을 깨닫고, 인류 상고사에 대한 우리들의 새로운 인식**을 위해 오직 환국에만 초점을 맞춰보겠습니다. 전지구를 통해 볼 때, **환국 문명의 실존을 긍정할 수 있는가**, 무조건 부정할 수 있는가 하는 것을 오늘 다 함께 느껴보는 소중한 시간이 될 것을 소망하면서, 문제를 제기해보겠습니다.

우리가 역사를 인식하고, 인류의 상고사를 인식하는 데 고정관념이 있는데, 그것은 구석기, 신석기, 청동기로 나누는 것입니다. 이것을 넘어서야 우리가 인류 문명의 진정한 탄생, **인류 문명의 시원국가**에 대해 알 수 있게 됩니다.

우리가 고고학을 들여다보면, **자연과 인간과 신에 대한 정말로 경이로운 깨달음**을 만날 수 있습니다. 그것을 상징한 것이 조금 전에 살펴본 **우주의 원십자**인데, **그런 문화를 탄생시킨 시원 종족**이 있을 것입니다. **인류 문명사의 진정한 정신, 원형문화의 중심**이 있을 것입니다.

Chapter 1
Facts About Ancient Korea
and a Brief Overview of Russian History

Facts About Ancient Korea

For the last seven decades, teams of historians from Korea, Japan, China, and Russia performed collaborative excavations investigating the hidden history of East Asia, making much progress. But many Koreans still do not know about their true history because the facts of Korean history have been deliberately omitted, distorted, or fabricated by its neighboring states—China and Japan—for so long.

To reveal the truth of ancient Korean history, I would like to focus my presentation on Hwanguk, the world's oldest civilization, to give you a clear picture of it as an actual historical place.

Before we begin, it is necessary that we first look at world history from a whole new perspective. Most of us are familiar with the division of prehistory into three time periods: the Stone Age, the Bronze Age, and the Iron Age. However, we will have to rid ourselves of this old-fashioned stereotypical periodization if we aspire to gain a true understanding of the origins of human civilization.

Archeological evidence tells us that the people of the ancient past possessed profound insights into the mysteries of the cosmos and accessed the world of spirits. One such piece of evidence is the ancient cross symbol discovered throughout the globe. Moreover, the fact that all human cultures shared similar elements indicates the possibility of one central culture, one much more ancient than is currently known, which influenced diverse cultures spread worldwide.

지금 역사학에서 **구석기-신석기-청동기로 나누는** 이런 **고정관념**은 19세기 랑케(1795~1886)의 **유물중심적 실증역사관**에서 나온 것이기 때문에 **인류 정신 문화가 결여**되어 있습니다. 보다 더 중요한 것은 상고 역사 속 사람들은 현대보다 뒤떨어져 있고 야만적이다, 무지하다, 이렇게 알고 있는 경우가 많은데, 지금부터 약 1만 년 전의 문명시대, 또는 훨씬 더 이전인 2만 년, 3만 년 전, **모스크바 옆 숭기르**에서 나온 유적을 보면 지금 우리가 사는 것과 다를 게 없어 깜짝 놀랄 수밖에 없습니다. 이곳에서 발굴된 **남매의 무덤**에는 각각 약 **5천 개의 구슬**이 나왔습니다. 그 **구슬**은 가공하는 데 6천 시간 이상이 소요되는 것으로 추정되는데, 이것은 **사회조직이 분업화된 시스템으로 가동**되었다는 것을 보여줍니다. 왕국은 아니지만, **상업 또는 기본적인 생활문화의 예술성이 체계가 잡힌 문화 수준의 사회였음**을 분명히 알 수 있습니다.

태고 문명을 살아갔던 사람들을 온전히 이해하기 위해서는 그들의 우주관을 이해해야 합니다. 쉽게 말해 **자연관**이라든지, **인간과 신에 대한 깨달음, 인간의 마음에 대한 깨달음, 우리 몸에 내재되어 있는 신성과 거룩함**, 이것을 이해할 수 있는 원천적인 **지적 체계인 우주론**을 반드시 이해해야 합니다. 그런데 지금 역사학은 우주학을 근본으로 하고 있지 않습니다.

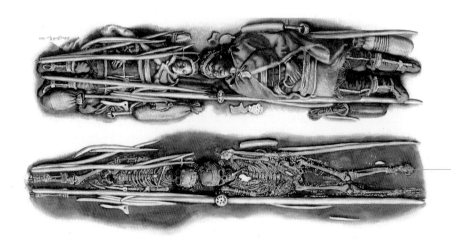

The contemporary study of history, which is excessively dependent on empirical information, neglects the spiritual aspect of people's lives. Even worse, we often have a misunderstanding that ancient culture was primitive and savage, inferior to our own in modern times. However, archaeological discoveries about the world's oldest cultures renew our astonishment. Take, for example, the Paleolithic burials of Sungir, dated to between 32,050 and 28,550 BCE. The site constitutes important evidence of the antiquity of human religious practices. In one of the graves, two children were buried head to head, adorned with elaborate grave goods that included ivory-beaded jewelry, clothing, and spears. More than ten thousand beads were found, which would have taken more than six thousand hours to produce. These kinds of ritualized burials testify that there existed a very advanced society with a high division of labor. The lives of the people from twenty thousand to thirty thousand years ago were, indeed, not different from how we live today.

To obtain a complete picture of the ancient world, we need to study the ideas its people had about the universe and how it works. By understanding the people's cosmological views, one can gain a full insight into their notions of: God and existence, the worlds of humans and spirits, and the inner divinity of every human being. However, hampered by a lack of understanding, contemporary historians do not pay much attention to studying prehistoric cosmological ideas.

2만 7천 년 전 무덤 속 남매의 모습
(숭기르 유적)

Recreations of the burial of two
children at Sungir, Russia.
A thirteen-year-old boy is on the right;
an eight-year-old-girl is on the left.

이제 **러시아에서 한국사의 진실을 밝힌 두 분**의 말씀을 살펴보겠습니다. 한 분은 러시아 신부, **비추린**(1777~1853)입니다. 만주어는 물론 몽골어, 중국어, 고대 한어, 여진어 등 여러 언어를 아주 자유자재로 한 분입니다. 이분이 한마디로, '**한국사의 시초는 고조선이다.**'라고 했습니다.

비추린 (1777–1853)
Nikita Yakovlevich Bichurin.

이것을 더 발전시킨 분이 **유리 미하일로비치 부찐**(1931~2002)입니다. 이분이 러시아 고대사 세미나에서 이런 말씀을 했습니다.

"고조선은 **1천 년간 중국 지배를 받지 않은 독자적 문화를 발전**시켜 왔다. 한사군은 현재 한국 국경 밖에 있었다. **동북아 고대사에서 단군조선을 제외하면 아시아 역사는 이해할 수 없다.** 그만큼 **단군조선은 아시아 고대사에서 중요한 위치**를 차지한다."

이분은 '**유라시아 대륙에 있는 유목문화**의 정신을 이해하려면 **동방에 어떤 거대한 제국**이 있어야 된다.'고 했습니다. 그런 제국이 없으면 이 **유목문화와 상통되는 문화의 공통점**을 체계적으로 이해할 수가 없다는 것입니다.

오래 전에 제가 이 부찐 교수님의 연구서적, 『**고조선**』을 읽어본 적이 있습니다. 그런데 이분이 세미나에서 또 이렇게 말했습니다.

There were two Russians who described Korea's early civilization. One was Nikita Yakovlevich Bichurin (1777–1853), also known by his archimandrite monastic name 'Hyacinth.' He was a sinologist proficient in multiple languages, including Manchurian, Mongolian, and ancient and modern Chinese. After studying various texts of Northeast Asian history written in different languages, he concluded that "Korean history began with the ancient state, Joseon" (*Records of the Central Asian Tribes*, 1851).

The other person was Yuri Mikhailovich Butin (1931–2002), a Russian Koreanist. During his speech at a conference on ancient East Asian history, he made the following statement:

> Joseon, the *dangun*'s nation, existed for more than a thousand years and developed a unique culture independent from the Chinese dynasties. The Chinese commanderies known as the 'Four Commanderies of Han' were not located in the north of the Korean Peninsula, but outside the present territory of Korea. Studying the ancient state Joseon is indispensable to understanding the history of East Asia. Joseon was that important a country in ancient Asia.

According to him, a strong empire in East Asia gave birth to various nomadic tribal communities across the Eurasian continent. It is because they shared a common ancestral origin that various nomad cultures showed a high degree of commonality.

Dr. Butin was the author of the book *Ancient Joseon*, which I had a chance to read a long time ago. At the same conference, he made another statement:

유엠 부찐의 『고조선』 러시아어판(1982)과 한국어판(1990)
Ancient Joseon written by Yuri Mikhailovich Butin,
printed in Russian (left) and in Korean (right).

"한국은 어째서 그처럼 중요한 고대사를 부인하는지 이해할 수가 없다. 일본이나 중국은 없는 역사도 만들어 내는데 한국인은 어째서 있는 역사도 없다고 하는가? 도대체 알 수 없는 나라이다."

　한국의 문화인들과 강단사학자들이 상고사에 대해 근본적으로 무엇을 잘못 인식하고 있는가? 그들은 **시원 역사[환국-배달-조선]**를 다 부정합니다. 지금 이 러시아 땅에 잠들어 있는 '**옛적의 환국**'을 무조건 부정합니다. **환국을 계승한 환웅의 신시배달국**, 그것도 무조건 부정합니다. 생각할 여지도 없습니다. 그리고 **환국과 신시배달을 근거로 한 단군조선**은 '청동기-국가 건설'이라는 잘못된 근대역사학의 국가 성립 조건을 기준으로 해서, 신화라고 합니다. **자신의 근원을 부정하는 오늘의 한국 역사학계**는 "한국은 중국 식민지 역사로 시작되었다. 그것이 한국의 역사다." 이렇게 주장하고 있습니다.

동방 대한의 9천 년 국통맥

미래	남북분단시대				남북국시대
Future	The South-North Division				The North and South Kingdoms
남북 통일 시대	대한민국 Republic of Korea 1948-	대한제국 Korean Empire 1897-1910	조선 Joseon Dynasty 1392-1910	고려 Goryeo Dynasty 918-1392	대진(발해) Daejin Nation or Balhae 668-926
A Single Korean Sovereign State	조선민주주의인민공화국 Democratic People's Republic of Korea 1948-				신라(후신라) Later Silla or Unified Silla 668-935

I cannot understand why Koreans seek to disprove the existence of their own powerful nation. The governments of her neighboring countries fabricate a non-existent history. But Koreans are negating their own existing history. I can never understand them.

His reprimand was directed at the academic community of South Korea, who deny not only Hwanguk (7197–3897 BCE) and Baedal (3897–2333 BCE), but Joseon (2333–238 BCE). They dismiss Joseon as a mere mythical nation based on a false notion that the Bronze Age is the standard starting point for the formation of ancient states. By denying the origin of their country, these people make the absolutely false assertion that the first state of the Korean people was born as a Chinese colony.

Chronology of Korean States and Dynasties

사국시대 The Four Kingdoms	열국시대 The Several States Period	삼성조 시대 The Three Sacred Nations		
고구려 Goguryeo 58 BCE–668 CE	북부여 North Buyeo 239–58 BCE	조 선 Joseon	배 달 Baedal	환 국 Hwanguk
백제 Baekje 18 BCE–660 CE	동부여 East Buyeo 86 BCE–494 CE			
신라 Silla 57 BCE–668 CE	삼한 Samhan 194 BCE–8 CE			
	낙랑국 Nangnang Kingdom 195 BCE–37 CE			
가야 Gaya 42–532 CE	옥저 또는 동옥저 Okjeo or East Okjeo 56–? BCE			
	동예 Dong-ye ?–245 CE	2333–238 BCE	3897–2333 BCE	7197–3897 BCE

그렇다면 한국사는 어디부터인가? 국통맥 도표를 잠깐 볼까요? 앞으로 미래 **남북통일 시대**, **희망의 새 역사 시대**가 펼쳐지겠지만 지금 현재는 남북분단으로 **남쪽은 대한민국, 북쪽은 조선민주주의 인민공화국, 쉬운 말로 남한과 북한**입니다.

지금의 한국, 코리아의 본래 이름이 **대한민국**인데, 대한은 어디서 왔는가? 1897년 10월에 **고종황제가 환구단을 세워 황제 즉위식을 거행하고 국호 조선을 대한제국**으로 바꿨습니다.

그리고 남북분단 시대 이전에 **조선 왕조** 500년, **고려 왕조** 500년, 그리고 우리가 잘 알고 있는 **신라 천년왕국**, 여기엔 **고구려, 백제, 신라** 이걸 다 합쳐서 이야기를 합니다. 다시 말해 **통일신라 천 년, 고구려 백제 신라 가야까지 사국四國시대** 또는 **삼국三國시대**가 있었습니다.

그 이전에는 **열국列國시대**가 있었습니다. 열국시대는 **여러 나라 시대**라는 뜻이고, 그 이전에는 단일체제, 한 나라가 있었습니다. 이것이 바로 **단군조선**입니다. **단군조선이 망하고서 여러 나라 시대로 들어간 것입니다.** 이때는 **옥저, 동부여, 북부여** 등이 있었습니다. 그런데 지금 북부여를 언급만할 뿐이지 인정하질 않습니다. **북부여가 단군조선을 계승했다는 것을 그냥 무조건 부정합니다.** 거기에는 이유가 있습니다. 중국에서 동부여, 북부여, 서부여 이러한 역사를 비벼놓아 비빔밥처럼 만들어 놓았기 때문입니다.

Now, I will guide you to the origin of Korea starting from the current day and moving backward in time. First on the timeline is the Republic of Korea (ROK), or South Korea, and the Democratic People's Republic of Korea (DPRK), or North Korea. Although presently divided for more than seventy years, the two Koreas will someday be reunified into a single sovereign state.

Prior to this, there was the Korean Empire (1897–1910), called in Korean 'Daehan Jeguk' ("the Great Han* Empire"). The Korean Empire was an independent unified Korean state proclaimed in October 1897 by Gojong (1852–1919), the King of the Joseon Dynasty. He declared himself the Emperor of the Korean Empire after performing a grand ceremonial ritual at a newly built altar complex called 'Hwangudan,' located in present-day Seoul. The Korean name for the Republic of Korea, 'Daehan Minguk' ("the Republic of the Great Han People"), actually has its origin in 'Daehan Jeguk.'

Let us continue to the next dynasty. The Joseon Dynasty (1392–1897 CE), named after the ancient Korean state Joseon (2333–238 BCE), lasted for approximately five centuries after the fall of Goryeo. Goryeo (918–1392 CE) ended the period of national division called the 'North and South Kingdoms,' and became a unified kingdom. The period prior to this is called the 'Four Kingdoms Period,' when Goguryeo (37 BCE–668 CE), Silla (57 BCE–668 CE), Baekje (18 BCE–660 CE), and Gaya (42–562 CE) ruled Korea.

The period that came before this is called the 'Several States Period.' The 'several states' include North Buyeo (239–58 BCE), East Buyeo (86 BCE–22 CE), and Okjeo (c. second century BCE to the fifth century CE), among other states. Unfortunately, however, the history of Buyeo has been expunged in historiography due to a lack of historical literature that provides exact information. Moreover, Chinese historical texts deliberately recount this part of Korean history so equivocally that one can hardly picture it. The Several States Period started with the fall of Joseon in 239 BCE.

---

* **Han.** The name 'Han' (韓) derives from 'Samhan' ("Three Han States"), another name for the ancient Korean state of Joseon (BCE 2333–BCE 238).

『삼국유사』를 근거로 할 때, 환국과 배달과 조선의 삼성조 시대를 '환인·환웅·단군 세 분의 거룩한 조상들의 시대다, 한국인의 시원 역사다.' 이렇게 이야기할 수 있는데 현재 역사학계는 환국과 배달은 무조건 부정하고, 단군조선은 신화라고 해서 그마저 부정합니다.

이제 한국의 국통맥이 단절되고, 뿌리째 흔들리게 된 이유를 살펴보겠습니다. 그 중심에 **일제 식민사관**이 있는데 **일본 제국주의자들이 한국사의 뿌리를 말살하는 역사 침탈 과정**을 간단히 정리해 보겠습니다.

일본은 1876년 강화도 개항 이후부터 2차 세계대전이 끝난 1945년까지 한국인 800만 명을 학살하고 한국 역사의 뿌리를 파괴했습니다.

1876~1945년 한국인 800만 명을 학살한 일본제국

Joseon and its predecessors, Baedal and Hwanguk, were unitary states governed as a single entity. These three ancient nations are known as the 'Three Sacred Nations.' A proper study of the ancient text *Samguk Yusa* would lead one to understand that the origin of Korea was the Three Sacred Nations and that the three nations were founded by Hwanin, Hwaung, and Dangun. However, the current academic community not only deny Hwanguk and Baedal, they also dispute the existence of Joseon, saying that it is a mere mythical nation.

The origin of Korea has been completely lost and the Three Sacred Nations are hidden in mystery. Why has this happened? Who is to blame? I would like to first talk about how the Empire of Japan, before and during its oppressive rule in Korea (1910–1945), worked to exterminate Korean culture and Korea's historical roots in order to establish absolute control over its new protectorate.

During the period from the signing of the Treaty of Ganghwa Island* in 1876 to the end of World War II (1945), the Imperial

---

* **Treaty of Ganghwa Island**. Also known as the 'Japan–Korea Treaty of 1876,' it was an unequal treaty signed under duress in the wake of an armed clash between the Joseon Dynasty and Japan in the vicinity of Ganghwa Island.

The Imperial Japanese Army massacred millions of Korean civilians and prisoners of war.

여기에는 그 길을 터놓은 사람이 있습니다. 그 사람이 누구인가? 바로 우리가 너무도 잘 알고 있는 **이토 히로부미, 이등박문**伊藤博文 (1841~1909)입니다. 이 사람이 1863년 영국에 유학을 가서 2년을 못 채우고 들어왔는데, 그 때 이등박문이 한 유명한 이야기가 있습니다.

사무라이 시절의
이토 히로부미伊藤博文
Ito Hirobumi, when he
was a young samurai.

"대서양의 조그만 섬나라 영국이 거대한 인도와 아프리카 각지를 침략해 방대한 식민지를 거느리듯 **극동의 작은 섬나라 우리 일본도 영국의 제국주의 전제정치 식민지 침탈정책을 국가 모델로 삼아 조선과 중국부터 침략한다.**"(나카노 야스오, 『안중근과 이등박문』)

영국을 모델로 조선과 중국을 침략하려 한 이등박문은 1906년에 한국 점령을 위해서 초대 조선통감으로 부임했습니다. **조선을 무력으로 침략하고 동북아의 평화를 아주 근본적으로 파괴하는 이등박문을, 동양인의 평화와 역사의 정신으로 제거한다** 해서 **안중근**(1879~1910)의사가 중국에 있는 하얼빈 역사驛舍에서 1909년 10월에 저격했습니다. 이등박문은 안중근 의사가 총알 끝에 열십자를 새긴 총알 세 발을 맞고 현장에서 절명했습니다.

이토 히로부미伊藤博文
(1841-1909)
Ito Hirobumi.

Japanese Army massacred millions of Korean civilians and prisoners of war. Moreover, the Empire of Japan sought to destroy the Korean people's cultural values and way of life.

There was a famous Japanese man at the vanguard of the Japanese colonial policy of cultural genocide. This person was Ito Hirobumi (1841-1909). As a London-educated politician, he emerged as the dominant figure in the Japanese Restoration regime and wielded enormous influence over the nation's policies. Looking to the West for inspiration, he drew on the British model of imperial expansion. According to Nakano Yasuo, the author of the book *Ahn Jung-geun and Ito Hirobumi*, Ito asserted:

Although Great Britain is just a small island in the Atlantic Ocean, it became a great empire possessing India and large parts of Africa. A tiny island country in the Pacific Ocean, Japan must take Britain as an example and adopt imperialism, expansionism, and colonialism as our national policy to extend our rule over Korea and China.

Ito became the first Resident-General of Korea in December 1905, soon after the Japan-Korea Treaty was signed, making Korea a Japanese protectorate. However, in October 1909, he was assassinated at the Harbin Railway Station by Ahn Jung-geun (1879–1910), a Korean patriot and a leader of the Korean resistance army. Ahn assassinated Ito as punishment for destroying Korea's sovereignty and peace in the East Asia. Ahn fired seven shots, three of which hit Ito in the chest. At the tip of each bullet was etched a cross.

일본의 한국사 말살 과정은 우선 **명치유신**을 들어가면서 일본문화 속에 한국의 전통과 혼백이 살아 있는 가지가지의 유적지를 덮고 파괴한 것입니다. 명치유신明治維新이 시작되면서 곧바로 일본에서는 **신불분리령**神佛分離令이 내려졌습니다. '일본의 신사 안에 있는 한국에서 들어간 불교 사찰을 분리시켜라. **철저히 파괴해라.**'고 해서 1,600여 개의 불교 사찰을 파괴하기 시작

합니다. 아주 강력한 증오심으로 파괴한 것입니다.

유명한 오사카 **스미요시신사**住吉神社 **안에 있었던 신라사**新羅寺, 그리고 단군조선 이전에 **배달국 건국자였던 환웅천황을 모신 히코산의 사찰 영선사**靈仙寺도 이때 모두 파괴되었습니다. (현재 히코산 신궁에 환웅천황의 신상이 모셔져 있다.)

그러면서 일제는 **한국을 영구히 지배하기 위한 전략**을 실행합니다. 그 첫째 전략은 **한국인들의 역사 문화 서적을 수거·소각**하는 것이었습

대한의군 참모장
안중근安重根
(1879–1910)
Ahn Jung-geun,
a lieutenant
general of the
Korean resistance
army.

Beginning in the Meiji Restoration in 1868, the Empire of Japan tried to erase all traces of the Korean influence on the Japanese culture. Soon after the Restoration, the Meiji government introduced a policy of separating Buddhist temples from Shinto shrines to promote Shinto-based nationalism. This order triggered a violent anti-Buddhist movement that resulted in the forcible closure of thousands of temples. The background of this event was that Buddhism in Japan had been amalgamated with the religions and culture of Korea, and many Buddhist shrines in Japan had been dedicated to Korean gods.

Shiragi-tera ("Silla Temple"), one of the temples that comprised the famous Sumiyoshi-taisha in Osaka, was destroyed during this time. As you can see from its name, this temple was dedicated to a god of Silla (a Korean kingdom that existed from 57 BCE to 935 CE). A temple called 'Reisen-ji' in Hikosan Jingu, Fukuoka, was also destroyed because it was dedicated to Hwanung, the founding father of the Korean nation, Baedal. Hikosan Jingu still retains a portrait of Hwanung enshrined in one of its temples.

The next step the Empire of Japan took to obtain perpetual control over Korea was to burn every important history book, resulting in an irreparable loss of much information about centuries of Korean history. Around two hundred thousand books and manuscripts were confiscated and burned by the Japanese government in 1911, only fourteen months after Korea became a colony of Japan.

환웅천황을 모신
영선사靈仙寺
(현재 큐슈 히코산신궁)
Hikosan Jingu,
Fukuoka, Japan.

니다. 일제는 **한국을 강점한 1910년 직후에 한국인들이 보는 역사 서적,** **각종 문화 서적들을 전부 수거했습니다.** 그렇게 해서 **14개월 만에 20만** **권을 수거해 남산에서 모두 소각했습니다.**

수거된 한국 역사책을 일본 학자들이 보니 **환인의 환국과 환웅의 배** **달과 단군의 조선** 이야기가 있고 **석유환국**昔有桓國, **옛적에 환국이라는** **나라가 있었다**는 기록도 많이 있었습니다. 그래서 '한국 역사의 뿌리 를 제거하려면 어디서부터 어떻게 해야 되는가?'를 고민한 결과 20만 권 책을 태워버리는 것만이 아니라 '이 **환국이 한국 역사의 출발점이기** **때문에 이 환국을 제거해야 된다, 조선의 역사를 새로 써야 한다.**' 고 해 서 **역사 말살 전담 기구**를 조선총독부 직속으로 편성(1922년)합니다. 1925년에는 일왕의 특명으로 독립 기구로 탄생했습니다. 그것이 바 로 우리가 잘 알고 있는 '**조선사편수회**' 입니다.

이 **조선사편수회에 한국 역사 말살을 주도한 3인방**이 있었습니다. 바 로 '**구로이타 가쓰미, 이나바 이와키치, 이마니시 류**'입니다. 이 3인방이 처음에 수거된 책 가운데서 **『환단고기』**를 발견해 읽고 너무 충격을 받 은 나머지 태워버렸다고 합니다. 그때 그들이 **한국의 시원역사 말살의** 전략을 공유하지 않았나 싶습니다. 그들이 내린 역사 말살의 결론은 바로 '**환국을 제거하는 데 초점을 맞춰야 된다, 환국을 없애야 된다.**'는 것이었습니다. **역사의 근원을 없애는 환국 제거의 논리에 맞췄던 것입니** 다.

『삼국유사』의 저자 일연(1206~1289) 스님이 **환국을 '제석신의 나라** **다, 인도의 인드라 신화에 나오는 그런 나라다, 천상의 나라다.**' 이런 주 석을 붙인 걸 이용해 '너희 역사책을 쓴 일연스님도 신화로 부정하지 않았는가.'라고 주장하며 역사 왜곡의 논리 근거로 내세웁니다.

The books the Japanese collected contained records about Hwanguk, Baedal, and Joseon. Although they had already incinerated many books, the Japanese were still anxious to find a way to completely eliminate the root of Korean history. For this task, the Government-General set up under its control the Committee for the Compilation of Korean History ("Chosenshi Henshukai"). In 1925, it became an independent institute by imperial edict.

There were three famous Japanese men who led this committee. They were Kuroita Katsumi (1874–1946), Iwakichi Inaba (1876–1940), and Imanishi Ryu (1875–1932). It is said that they were so immensely shocked after reading *Hwandan Gogi* that they immediately incinerated all copies of the book. These people decided to dispute the existence of Hwanguk as a strategy for destroying the Korean national identity.

These three Japanese men established their claim based on an error made by Il-yeon (1206–1289), a Buddhist monk during the Goryeo Dynasty of Korea, who wrote *Samguk Yusa* ("*Memorabilia of the Three Kingdoms*"). In the annotations of the *Samguk Yusa*, Il-yeon made a false assumption that Hwanguk was the nation of a deity called 'Jeseok' (Śakra Devānām-indra), making it a nation in Buddhist mythology. They saw this as a chance to commit the more active crime of altering the manuscript itself.

구로이타 가쓰미 / Kuroita Katsumi   이나바 이와키치 / Iwakichi Inaba   이마니시 류 / Imanishi Ryu

이마니시 류의 스승인 츠보이 쿠메조는 이미 『삼국유사』「조선조」교정을 봐서 1904년에 책을 편찬했습니다. 자기 스승이 교정 봐서 '잘못된 부분이 없다.'고 했던 것을 어떻게 달리 변형시킬 수가 없어서 이마니시 류는 나중에 '석유환국昔有桓國', 옛적에 환국이 있었다는 것을 '석유환인昔有桓因', 옛적에 환인이 있었다로 바꿨습니다. 나라 국國 자를 쪼아서 씨 인因 자로 조작해 버렸습니다. 이렇게 해서 **일본의 역사학자들은 글자를 쪼아서,** 문헌을 조작해서 석유환국을 부정하기 시작한 것입니다.

츠보이 쿠메조(1859-1936)
Tsuboi Kumezo.

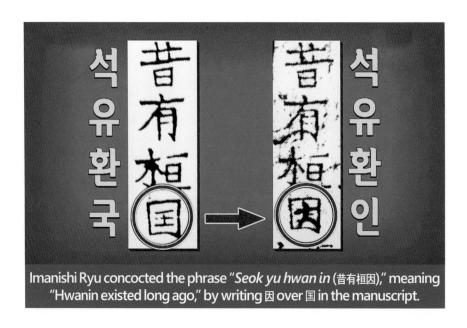

Imanishi Ryu concocted the phrase "*Seok yu hwan in* (昔有桓因)," meaning "Hwanin existed long ago," by writing 因 over 國 in the manuscript.

However, *Samguk Yusa* had already been published by Tokyo Imperial University in 1904 and proofread by Tsuboi Kumezo (1859–1936), a professor who taught Imanishi Ryu. Imanishi Ryu could perhaps not immediately do anything about this because he did not want to harm the reputation of his professor. Instead, in the facsimile edition of *Samguk Yusa* he published in 1926, one character was changed. Replacing the character 国 (*guk*) with 因 (*in*), he falsified the phrase *Seok yu hwan guk* (昔有桓国), meaning "The Hwanguk nation existed long ago," concocting instead the phrase *Seok yu hwan in* (昔有桓因), meaning "Hwanin [Jeseok] existed long ago." With this change, the Japanese completely excluded Hwanguk from the record.

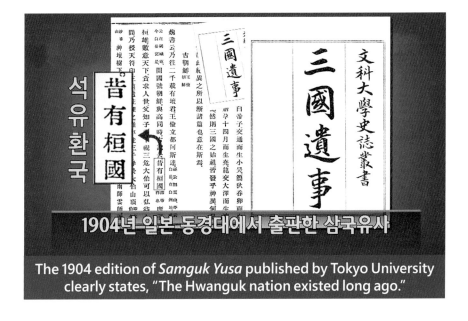

1904년 일본 동경대에서 출판한 삼국유사

The 1904 edition of *Samguk Yusa* published by Tokyo University clearly states, "The Hwanguk nation existed long ago."

『삼국유사』고조선

_{위서} _운 _{내왕이천재} _{유단군왕검} _{입도아사달}
魏書에 云 乃往二千載에 有壇君王儉이 立都阿斯達하시고
_{개국} _{호조선} _{여고동시}
開國하사 號朝鮮하시니 與高同時니라

「위서」에 이르기를 지난 **이천 년 전**에 단군왕검께서 도읍을 아사달에 정하시고 나라를 세워 이름을 조선이라 하시니 요임금과 같은 시대라 하였다.

_{고기} _운 _{석유환국} _{서자환웅} _{삭의천하}
古記에 云 昔有桓国하니 庶子桓雄이 數意天下하야
_{탐구인세} _{부지자의} _{하시삼위태백}
貪求人世어늘 父知子意하고 下視三危太伯하니
_{가이홍익인간}
可以弘益人間이라

「고기」에 이르기를 옛적에 환국桓國이 있었다. 서자부의 환웅이 천하를 건지려는 뜻을 가지고 인간 세상을 구하고자 하거늘 환국을 다스리시는 아버지 환인께서 아들의 이런 뜻을 아시고 아래로 삼위산과 태백산을 내려다보니 널리 인간에게 이로움을 줄 만한지라.

_{내수천부인삼개} _{견왕이지}
乃授天符印三箇하사 遣往理之하시니라

이에 아들에게 **천부**天符와 **인印** 세 개를 주어 보내 이곳을 다스리게 하셨다.

_웅 _{솔도삼천} _{강어태백산정신단수하}
雄이 率徒三千하사 降於太伯山頂 神壇樹下하시니
_{위지신시} _{시위환웅천왕야}
謂之神市요 是謂桓雄天王也시니라

환웅이 무리 삼천 명을 거느리고 태백산 꼭대기 신단수 아래로 내려오시어 이를 **신시**神市라 이르시니 이분이 바로 환웅천왕이시다.

A Passage from the "Old Joseon" Chapter of Samguk Yusa

魏書에 云 乃往二千載에 有壇君王儉이 立都阿斯達하시고
開國하사 號朝鮮하시니 與高同時니라

In the *Book of Wei*, it is written, "Two thousand years ago, Dangun Wanggeom established a nation named 'Joseon' and made Asadal his capital. This coincided with the era of King Yao's reign."

古記에 云

Gogi ("*Ancient Records*") records:

昔有桓国하니 庶子桓雄이 數意天下하야 貪求人世어늘

"The Hwanguk nation existed long ago. Hwanung of Seojabu aspired to save all under heaven and bring deliverance to the human world.

父知子意하고 下視三危太伯하니 可以弘益人間이라

"Perceiving his son's aspiration, Hwanin, ruler of Hwanguk, gazed upon Mt. Sanwei and Mt. Taebaek and deemed both suitable for fostering wide-reaching benefits for humanity.

乃授天符印三箇하사 遣往理之하시니라

"Hwanin thus granted his son Hwanung the Heavenly Emblems and Seal—the Three Treasures—then sent him forth to rule this region.

雄이 率徒三千하사 降於太伯山頂 神壇樹下하시니
謂之神市요 是謂桓雄天王也시니라

"Hwanung led three thousand people down to the foot of the Divine Tree on the summit of Mt. Taebaek. He named this place 'Sinsi' ("Divine City"), and he was called 'Heavenly Emperor Hwanung.'

장풍백우사운사 이주곡주명주병주형주선악
將風伯雨師雲師하시고 而主穀主命主病主刑主善惡하시며

범주인간삼백육십여사 재세이화
凡主人間三百六十餘事하사 在世理化하시니라

환웅께서 풍백과 우사와 운사를 거느리고 농사와 왕명과 질병과 형벌과 선악을 비롯하여 인간 세상의 360여 가지 일을 주관하시고 신교의 진리로써 정치와 교화를 베푸셨다.

시 유일웅일호 동혈이거 상기우신웅
時에 有一熊一虎가 同穴而居러니 常祈于神雄하야

원화위인 시 신유 영애일주 산이십매
願化爲人이어늘 時에 神遺로 靈艾一炷와 蒜二十枚하시고

왈 이배식지 불견일광백일 변득인형
曰 爾輩食之하고 不見日光百日이면 便得人形하리라

이 때 웅족熊族과 호족虎族이 같은 굴에 살았는데 늘 삼신상제님과 환웅님께 사람이 되게 해달라고 빌었다. 이에 환웅께서 신령스러운 것을 내려주시며 그들의 정신을 신령스럽게 하시니 그것은 곧 쑥 한 타래와 마늘 스무 매였다. 환웅께서 이르시기를 "너희들은 이것을 먹으면서 햇빛을 보지 말고 백일 동안 기도하라. 그리하면 인간의 본래 참 모습을 회복할 것이니라." 하셨다.

*   *   *

본래 이 환국을 기록한 원전이 『삼국유사』, 바로 이 사서입니다. 이것을 한국의 역사를 왜곡하고 말살한 3인방 중 막내 이마니시 류가 '환국·배달·조선은 국가가 아니고, 환인·환웅·단군이라고 하는 신화의 인물들이 만들어 놓은 3대의 역사다. 실제로 존재하지 않는 가상의 나라다.'라고 낙인을 찍은 것입니다. 그래서 일곱 분의 환인이 다스린 환국 3,301년, 열여덟 분의 환웅이 다스린 배달국 1,565년, 마흔일곱 분의 단군이 다스린 단군조선 2096년, 총 6,960년을 완전히 뿌리 뽑아버립니다. 그리고 조선을 중국의 식민지로부터 시작한 2천 2백 년의 국가로 조작합니다.

將風伯雨師雲師하시고 而主穀主命主病主刑主善惡하시며
凡主人間三百六十餘事하사 在世理化하시니라

"Hwanung led the Pungbaek, Usa, and Unsa, as well as the ministers of agriculture, imperial decrees, law, health, and morality, in overseeing more than 360 realms of human affairs. He ruled and enlightened the people of the world with the truth of Spirit Teaching.

時에 有一熊一虎가 同穴而居러니 常祈于神雄하야 願化爲人이어늘

"During this period, the Bear Clan and Tiger Clan, who lived in the same region, continually beseeched the divine Hwanung to change them into ideal human beings.

時에 神遺로 靈艾一炷와 蒜二十枚하시고 曰 爾輩食之하고
不見日光百日이면 便得人形하리라

"In response, Hwanung gave them divine items, which were a bundle of mugwort and twenty cloves of garlic, and he commanded, 'Eat these and avoid the sunlight for one hundred days. If you do, you will become ideal humans.'"

*　　*　　*

Samguk Yusa was a historical source that included information about Hwanguk. But by changing just one character in its text, Imanishi Ryu erased the 6,960-year history of Korea (2,096 years of Joseon ruled by forty-seven *danguns*, 1,565 years of Baedal ruled by eighteen *hwanungs*, and 3,301 years of Hwanguk ruled by seven *hwawins*); this transformed Hwanguk, Baedal, and Joseon into non-existent imaginary countries, and transformed the *hwanins*, the *hwanungs*, and the *danguns* into mere mythical characters. This act of manipulating history brainwashed people into believing that Korea began its history as a colony of China about 2,200 years ago.

일본 사람들이 여기에 와서 조선 역사를 말살하고 지배할 때 '고노 야로この野郎! 조센징朝鮮人, 빠가야로馬鹿野郎!', 요놈의 조센징, 바보 같은 놈이라고 멸시를 당하면서 8백만 명이 무참하게 죽었습니다. 그런데 가장 큰 문제는 일제의 **식민사관, 노예사관의 족쇄가 채워진 오늘의 한국인들이 아직도 전혀 깨어나지 못하고 있다**는 것입니다.

그러면 한국의 또 다른 이웃나라 **중국, 중화문명이 어떻게 한국의 고대사를 왜곡**하고 있는지, 그들의 사서史書를 통해 살펴보겠습니다.

우선 **중국의 역사의 뿌리부터 살펴볼까요? 중국의 한족**은 어디서 왔을까요? 그 시조는 저 환국桓國에서 삼위산으로 내려온 반고씨盤固氏입니다. 중국은 신화의 인물로 부정하지만 '반고진인盤古眞人'이라는 과거 기록이 존재하며, 이분의 족보가 남아있습니다. **반고를 부정하면서 삼황오제**三皇五帝**를 전설시대로 부정했으나 지금은 긍정**하고 있습니다.

중국은 55개 소수민족을 통합해서 동양판 합중국이 되었습니다. 그러면서 **중국이 지난 현대화 과정에서 '탐원공정**探源工程'**이라는 역사통합 공정**을 진행해 왔습니다. 탐원공정은 한마디로 '**우리 중화문명의 뿌리, 근원은 어디인가?**' 하는 것입니다. 그런데 이것은 '**뿌리 바꿔치기 전략**'입니다. 그럼 어떻게 뿌리를 바꿔쳤는가?

The colonial policies of the Empire of Japan aimed to completely destroy the Korean identity and culture, and Koreans were taught to feel negatively about themselves. Koreans were hated and discriminated against in almost all ways possible. They were the targets of repeated racial slurs and ethnic insults, which led them feel inferior and ashamed of their country. Unfortunately, today's Koreans are still influenced by the legacy of colonialism.

Japan is not the only party that is responsible for distorting Korean history. Let us now find out how China has destroyed Korean history through their sinocentric historiography. But before we begin, let us first talk about how China has falsified their own history.

The progenitor of the Chinese people was Pangu, who left Hwanguk to found a nation in the region near Mt. Sanwei, located in southeastern Dunhuang. Although most of the Chinese people now view him as a mythical figure, Pangu was an actual historical figure who appears in reliable Chinese historical records, one of which even includes the pedigree of his descendants. Strangely, while Pangu survived only in China's myths and legends, the so-called 'Three Sovereigns and Five Emperors,' who also used to be portrayed as mythological deities, are now considered by today's Chinese people to be their 'founding fathers.' There is a reason behind this.

China is a multiethnic nation. Besides the Han Chinese majority, there are officially fifty-five ethnic minorities in China. The Chinese government, as an effective solution to issues associated with its ethnocultural plurality, has sponsored a series of large-scale history research projects since the mid-1990s, committing the brazen crime of revising the past. One of the most prominent examples is the so-called 'Origins of Chinese Civilization Project.' The aim of this project is actually to "steal" Korean history.

중국의 저명한 역사학의 대가들은 '예로부터 중국문화는 동이다.'라고 했는데, 이것을 잊지 말아야 됩니다. 동이東夷는 동방 문화의 근원이 되며 큰 활을 쏘는 사람들이라 일컬어 왔습니다. 오늘날 중국의 시조라 주장하는 태호 복희씨, 염제 신농씨, 황제헌원, 마지막 왕조 청나라까지 한족이 아닌 모두 동이족이라 기록되어 있습니다.

5,500년 전, 지금의 대한민국의 국기에 있는 팔괘를 그린 분이 태호복희씨太昊伏羲氏이고, 5,200년 전에 농사와 의학의 아버지가 염제신농씨炎帝神農氏입니다. 그 다음에 중국 역사의 시조라고 하는 4,700년 전의 황제헌원黃帝軒轅과 함께 통치자로 계셨던 동방의 치우천황蚩尤天皇도 동이족입니다. 『환단고기』에서는 '치우천황을 배달국의 14세 자오지 환웅천황이다.'라고 이야기하고 있습니다.

과거의 역사적 기록으로 보면 이분들의 인격이 다 파괴되어 있습니다. 태호복희는 몸뚱아리가 뱀인 인두사신人頭蛇身이고, 염제신농은 머리에 뿔이 달려 있는 우두인신牛頭人身입니다. 그리고 치우천황은 워낙 강력하기 때문에 도깨비다 해서 인격을 없애버렸습니다.

그런데 1983년도에 지구촌이 발칵 뒤집어진 역사학계의 큰 발굴이 있었는데, 그것이 우하량 지역의 홍산紅山문화 제천단입니다. 우리가 잘 알고 있는 총·묘·단 즉, 거대한 무덤과 여신을 모신 사원과 제천단이 나왔습니다. 이것은 150미터 정도 되는 아주 방대한 유적지인데, 지금은 그곳에 박물관을 거대하게 세워서 기념하고 있습니다. 처음 이 유적이 발굴됐을 때 '아, 삼황오제는 전설이 아니고 실제 역사다.' 하고 한국에서도 난리가 났습니다.

중국에서는 이 우하량 유적 발굴을 계기로 해서 동방 출신의 '태호복희, 염제신농 이런 분들이 다 우리 조상이다.'라고 주장하고 있습니다. 이것은 '동방 출신의 제왕들이 전부 중국의 역사 조상이다.'라고 한 탐원공정의 결론입니다.

Eminent historians of mainland China and Taiwan confess a very interesting historical fact about the origin of China. They contend that the rulers of ancient China were the Eastern Yi people. The name 'Eastern Yi,' which literally means "People of the Eastern Land, Who Are Masters of Archery" or "People of the Eastern Land, Who Are the Founders of Civilization," actually refers to the people of ancient Korea. The so-called 'founding emperors' of China (Fuxi, Shennong, and Huangdi) as well as the founder of the Qing Dynasty (Nurhaci) were not Han Chinese, but of Eastern Yi origin.

In fact, *Hwandan Gogi* unveils the truth about them. According to this book, Fuxi (c. 3528–3413 BCE), whose name in Korean is 'Bok-hui,' was a son of the fifth Emperor of Baedal. Bok-hui devised the eight trigrams, or *palgwe*, the symbols that hold great importance in Korean culture. Four of these eight trigrams are on the Korean national flag today. Shennong (c. 3218–3078 BCE), whose name in Korean is 'Sinnong,' was a son of Sojeon, a feudal lord of Baedal. Sinnong invented farming tools and discovered herbs for treating people's illnesses. For this reason, he is often referred to as the "Father of Agriculture and Medicine." Another great Eastern Yi emperor was Chiu (c. 2702–2598 BCE), known in China as 'Chiyou.' He was the fourteenth Emperor of Baedal, contemporaneous with the Yellow Emperor (c. 2711–2598 BCE). The official title of Chiu was 'Hwanung Jaoji.'

Until recently, Chinese historical sources have been depicting these ancient emperors of Eastern Yi as mere mythological characters. Fuxi was described as a creature that had a human face and a snake body. Shennong was described as an ox-headed and sharp-horned man, and Chiu was described as a *dokkaebi**-like creature with a bronze forehead and an iron skull. However, since the 1980s, the Chinese public have been taught a different history.

In 1983, an amazing archaeological discovery in the Hongshan

---

* *dokkaebi*. Legendary creatures from Korean mythology and folklore. They are nature deities or spirits possessing extraordinary powers and abilities that are used to interact with humans, at times playing tricks on them and at times helping them.

중국은 80년대 넘어서면서 더 적극적으로 역사 왜곡에 가담하고 있습니다. 중국 시조는 4,700년 전 황제 헌원이 아닌 그 이전 시대인 5,500년 전 태호복희, 염제신농씨이며 자기들은 염황자손(염제신농과 황제헌원의 자손)이라 왜곡하며 하남성 정주에 엄청난 동상을 세워놓고 자신들의 조상이라 주장합니다.

태호 복희씨 (BCE 3528–BCE 3413)
Bok-hui, also known as the 'Great Bright One' (c. 3528–3413 BCE).

염제 신농씨 (BCE 3218–BCE 3078)
Sinnong, also known as the 'Flame Emperor' (c. 3218–3078 BCE).

태호복희, 인두사신人頭蛇身
Bok-hui (right), depicted in Chinese art.

염제신농, 우두인신牛頭人身
Shinnong, depicted in Chinese art.

District, Chifeng, took the academic world by storm. Through a series of excavations, archaeologists found, at a site in Niuheliang, the huge ruins [about 150 meters in length and 60 meters in width] of an ancient civilization dating back between 5,500 to over 6,000 years. This site, featuring a temple dedicated to a goddess and an altar and cairn complex, has now been designated by the Chinese government as one of its national archaeological parks. I remember the South Korean media was also excited by the discovery and printed a headline that read: "The Three Sovereigns and the Five Emperors were not mythological figures. They really existed!" It was only after the discovery of the Niuheliang site that China began to claim that Fuxi and Shennong, the great Korean sage-emperors, were the 'founding emperors' of China.

치우천황(BCE 2707–BCE 2598)
Chiu, a.k.a. Hwanung Jaoji (c. 2702–2598 BCE).

치우천황, 도깨비
Chiu, depicted in Chinese art.

In the past, China used to insist that Huangdi (the "Yellow Emperor") was their first emperor. However, since the 1980s, they have been actively rewriting history to include Fuxi and Shennong in the list of their founding emperors, promoting the slogan "We are the descendants of emperors Yandi and Huangdi." Yandi, which literally means "Flame Emperor," was a title held by Shennong. In a recent attempt to propagate false history, the Chinese government erected a gigantic statue of emperors Yandi and Huangdi in Zhengzhou City, Henan Province.

총(무덤) Tomb · 묘(사원) Temple · 단(제단) Altar

길이 150m의 총(무덤), 묘(신전), 단(제단)이 함께 발굴된 우하량 유적 전경
The ancient ceremonial complex at Niuheliang.

염황이제상 (하남성 정주시)
The 106-meter statue of emperors Yandi and Huangdi in Zhengzhou City, China.

「삼황오제」 전설아닌 사실史實" (1986년 7월 28일 동아일보)

The headline from *Dong-A Daily* on July 28, 1986, reads: "The Three Sovereigns and the Five Emperors Were Not Mythological Figures. They Really Existed!"

그럼 이제 **중국의 한국 고대사 역사왜곡**을 간단히 결론만 정리해 보겠습니다. 중국은 전통적으로 '야, 너희 조선 놈들은 3,100년 전에 중국의 하나라, 은나라, 주나라의 고대 삼대 왕조에서 마지막 **주나라가 설 때, 무왕武王이 기자箕子라고 하는 현자를 동방 조선의 왕으로 임명했다.**', '**거기에서 너희 역사가 시작되었다.**'라고 합니다. 이것은 거짓말 역사를 사마천이 진실로 왜곡해 놓은 것입니다.

우리가 중국 답사를 해보면, 사실은 기자가 온 것이 아닙니다. 그의 무덤까지 갔다 왔는데 그 역사 현장에서 보면 **기자는 산동성 왼쪽에서 오르락내리락하다가 거기서 돌아가셨습니다.** '봉기자어조선이불신야封箕子於朝鮮而不臣也'라고 했습니다. '**기자를 동방 조선의 왕으로 임명했는데 신하가 되지 못했다, 신하로 삼지는 않았다.**'는 뜻입니다. **기자가 안 갔다**는 말입니다. 그런 사실이 없었다는 것입니다. 이 기록은 역설적으로 **기자가 살았던 3,100년 이전에 동방에 이미 단군조선이 있었다**는 것을 오히려 증명해 줍니다.

그 다음 역사 왜곡은 소위 말하는 '한사군'입니다. 중국은 최초 통일 제국인 진시황의 나라가 망하고 나서 한나라가 세워졌습니다. 한나라의 7대 임금인 **무제武帝(BC 156 ~ BC 87)가 동방 땅으로 쳐들어와서 그 당시 위만조선을 다스리던 위만의 손자 우거右渠를 멸하고 그곳에다가 한사군을 설치했다고 합니다.** 네 개의 식민지 군을 설치했다는 것입니다. 위만조선과 한사군 설의 역사 논쟁의 핵심이 무엇인가요? 바로 **위만조선이 북한의 평양 근교에 있었다**는 것입니다. 그래서 **한나라 무제가 평양 근교 대동강까지 와서, 위만衛滿의 손자 우거右渠를 멸하고 그곳에다 한사군을 설치했다**는 것입니다.

그런데 **그들이 평양이라고 하는 위만조선의 중심지 왕험성**은 실제로 **갈석산碣石山이 있는 창려현昌黎縣**에 있었습니다. 지금 **만리장성이 시작하는 갈석산 창려현이 위만정권의 거점 지역**이었습니다. 그곳을 한 무제의 군대가 쳐들어가서 일 년 이상을 싸웠습니다. 그런데 그 왕험성을 평양으로 땅을 떠다가 갖다 놓은 것입니다. 이것이 근본적으로 잘못

Now, let us examine how China has distorted Korean history. The first forgery of Korean history by China I would like to mention is related to Jizi (date of birth and death unknown), known in Korea as 'Gija.' Several Chinese texts state that King Wu (r. 1046–1043 BCE), the first king of the Zhou Dynasty (c. 1046–256 BCE), enfeoffed the Viscount of Ji (Jizi) as the ruler of Joseon. Based on this account, some scholars claim that Korean history began 3,100 years ago with the arrival of Jizi. But this, in fact, is a fake story.

In a similar story recorded in Sima Qian's *Records of the Grand Historian* (also known by its Chinese name '*Shiji*,' compiled between 109 and 91 BCE), King Wu of Zhou enfeoffed Jizi as the ruler of Joseon, but Jizi did not become his subject. If you closely inspect this account, you will realize that Jizi did not actually go to Joseon. As a matter of fact, Jizi never went to Joseon. Our research shows that he did not leave the western part of the Shandong Peninsula until he passed away in that region. Moreover, the statement ironically betrays the fact that in the early Zhou Dynasty, 3,100 years ago, Joseon already existed.

Another significant falsification or forgery of Korean history commited by China regards the location of the so-called 'Four Commanderies of Han.' The Han Dynasty (202 BCE–220 CE) was the second imperial dynasty of China, preceded by the short-lived Qin Dynasty (221–206 BCE). Some scholars claim that Emperor Wu of the Han Dynasty made an expedition eastward and conquered Ugeo, the king of so-called 'Wiman Joseon,' and set up commanderies, or colonies, near present-day Pyongyang and the Taedong River to control the populace in the north of the Korean Peninsula.

They claim an earthen fortress site in Pyongyang was the administrative seat of Wanggeom City, the capital of Wiman Joseon. In truth, however, Wanggeom City was never located in Pyongyang. Records show that the army of Wu fought a year-long war against the army of Ugeo in the region near Mt. Jieshi in today's Changli County. This county is at the eastern end of the present-day Great Wall of China.

되었습니다.

　그들 주장의 결론은 **고대 한국은 중국의 식민지 역사로 시작되었고, 근대 한국 역사의 출발점은 일본의 식민지 역사**라는 것입니다. 일본 사람들은, '너희들(조선)은 본래 기자조선, 위만조선이었으니 중국의 식민지였다.'고 주장하고, 동시에 **일본 제국은 침략을 합리화하기 위해 임나일본부설을 만듭니다.** 한마디로 **한반도 북부는 중국의 식민지, 남부는 일본의 식민지였다는 것입니다.** 원래 **일본이라는 나라는 AD 7세기에 백제가 망하고 나서 670년에 나라 이름을 왜倭에서 일본日本으로 바꾼 것입니다.** 그런데도 일본은 **'일본'**이라는 국호를 쓰기 수백 년 전에 대한민국 **땅 남부지역에다 '임나일본부'라는 식민지 사령탑을 세웠다**고 합니다. 완전 거짓이죠. 이런 **거짓 역사를 조작**했는데 이것이 전 세계에 퍼져 대한민국 고대사의 진실인 것 처럼 어린이, 청소년, 대학생, 지구촌 각 대학에 있는 교수들이 보는 교과서에까지 조작되었습니다.

While under Japanese rule, Koreans were taught to believe that Korea began as a colony of China and that Japanese colonial rule in the twentieth century contributed to the modernization of Korea. Moreover, trying to justify its invasion of Korea, Japan fabricated a false claim that Japan once conquered the southern part of the Korean Peninsula and made it into a colony under the control of a Japanese administrative office called 'Mimana Nihon Fu.' This is an obvious fake. The name 'Nihon,' which refers to Japan in the Japanese language, was first adopted only in the seventh century CE, hundreds of years after their alleged establishment of the Mimana Nihon Fu. The country had been known as 'Wa' or 'Yamato' until that time. What is truly deplorable is that this fake history is still being taught all around the world.

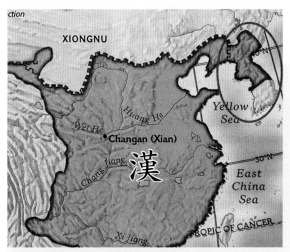

한강 유역까지 한나라 영토로 표시된 미국 교과서 『세계사 World History』(글렌코 맥그로 힐 출판, 2004)

A map from the American history textbook *Glencoe World History* (McGraw-Hill Education, 2004) depicts the territory of the Chinese Han Dynasty encompassing the Korean Peninsula as far as the Han River.

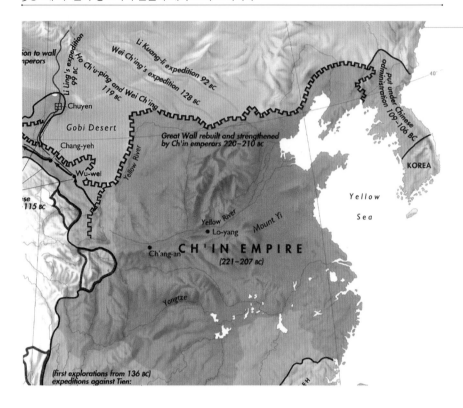

지도를 보면 지금 한강 유역까지가 한나라 식민지였다고 가르칩니다. 영국 교과서에 보면 진한시대에 한국이 중국의 식민지였다고 되어 있습니다. **한사군, 위만조선, 기자조선이 전부 평양에 있었다? 이것이 당연한 역사적 사실처럼 알려져 있지만, 전혀 그렇지 않습니다.**

하버드와 펜실베니아 주립 대학에서 공부한 **이홍범 박사**가 **한국의 동학과 근대사의 왜곡에 대해서 공부하다가, 고대사가 심각하게 왜곡되어 있는 것을 보고 미국 지식인과 교수 사회에 고발한 책**을 써냈습니다. **「아시아 이상주의」**라는 책입니다.

22200여년 전 한반도의 50%가 진나라 영토로 표시된 영국 교과서
『Complete History of The World』
(89쪽, 2009)

In this map from the British history textbook *Complete History of the World* (2009), half of the Korean Peninsula is depicted as a territory of the Qin Dynasty approximately 2,200 years ago.

What you are seeing on the screen [p. 57 map] is a map in a US textbook of world history. The map depicts half of the Korean Peninsula, down to the Han River, as being colonized by the Chinese Han Dynasty. Next, in a British textbook [p. 58 map], two thirds of the Korean Peninsula is shown as the territory of the Chinese Qin Dynasty. These are obviously incorrect depictions. History textbooks around the globe are teaching that the Four Commanderies of Han, Wiman Joseon, and Gija Joseon existed in what is now present-day Pyongyang, but this never happened.

A brilliant book published in 2007 criticizes the present scholarship of Asian Studies for not trying to correct the distorted history of Korea. It is titled *Asian Millenarianism: An Interdisciplinary Study of the Taiping and Tonghak Rebellions in a Global Context*. The book was written by Hong Beom Rhee (1942–2017), a South Korean historian who earned his PhD in History from the University of Pennsylvania. Let me share with you some of the passages from the book.

이홍범 박사, 『아시아 이상주의』
Hong Beom Rhee (1942–2017).

Asian Millenarianism by Hong Beom Rhee (Cambria Press, 2007).

"2차 세계대전이 끝난 지 반세기가 지났음에도 불구하고 한국인은 식민지 유산을 극복하지 못하였다." (『아시아 이상주의』 18쪽)

"한국 내뿐만 아니라 미국과 그 외의 국가에 있는 대다수의 한국 전문가들은 식민지 유산의 덫을 극복하지 못했다. 이유는 두가지, 하나는 많은 한국의 사학자들이 이병도 교수의 지도를 받으며 학업을 닦았기 때문이고 다른 하나는 고대 한국, 중국, 일본의 역사 자료들을 찾아내고 읽는 것이 매우 어렵고 골치 아픈 과제이기 때문이다." (『아시아 이상주의』 16~17쪽)

"『위서魏書』에 따르면 고대의 한국인들이 중국과 아시아, 그리고 러시아의 일부 지방을 통치하였다." (『아시아 이상주의』 13쪽)

우리 **동북아 역사의 진실**이자 **한국 고대사의 본래 참모습, 러시아 땅에 잠들고 있는 인류 문명 최초에 대한 기록,** 바로 **환국!** 환국을 체계적으로, **비교적 총체적으로 보여주고 있는 『환단고기』를** 소개해 드릴까 합니다.

『환단고기』는 어떤 책인가? 동북아 역사 문화 원전인 『환단고기』는 일본인 변호사 가지마 노보루가 일본에 먼저 가지고 들어가서 일본의 정치인, 법조인, 교육가 등 모든 분야의 지원을 받아서 처음 출간을 했습니다. 그런데 『환단고기』의 역사는 원래 저 중동에서 시작됐다, 한국 사람들도 거기서 왔다고 이 양반이 왜곡을 해 놓았습니다. 그러나 한편으로 『환단고기』에 대한 평은 좋게 했습니다. 『환단고기』는 '인류의 정치, 언어, 풍속, 종교 등 모든 인류 문화의 전 영역을 이해할 수 있는 독보적인 책이다. 아시아의 지보至寶 즉 지극한 보물이다.'라고 했습니다.

[....] half a century after World War II, we have not overcome the colonial legacy. (p. 18, *Asian Millenarianism*)

The majority of Korean experts not only in Korea but also in the United States and other countries have not overcome the trappings of colonial legacy. There are two main reasons why we have not overcome this legacy yet. One is because many Korean historians studied under Professor Yi Pyŏng-do, who worked with Imanishi Ryu, a former professor at Tokyo Imperial University, for Japan on the Korean History Compilation Committee (*Chosŏnsa P'yŏnch'an Wiwŏnhoe*). [....] The other reason why ancient Korean history, which has a relationship with East Asian millenarianism, has not been studied in scholarly depth is because it is a very difficult and thorny task to find and read ancient Korean, Chinese, and Japanese historical sources. (pp. 16-17, *Asian Millenarianism*)

The book [the *Book of Wei*] stated that Koreans had ruled over China and Asia and partially Russia in ancient times. (p. 13, *Asian Millenarianism*)

Today, we are in a journey together toward the truth of East Asian history and the true origin of Korea revealed by *Hwandan Gogi*. Notably, this book includes comprehensive and detailed accounts of Hwanguk, the earliest human civilization, whose territory stretched into Russia. So now let us first discuss some details about this invaluable compilation.

A Japanese edition of *Hwandan Gogi*—sponsored by many of the leading figures of Japanese economics, politics, and scholarship—was published in the 1980s by a Japanese lawyer, Kashima Noboru (1925-2001). Although Kashima's edition presents many false assertions, including the claim that Hwanguk was born in the Middle East, a modicum of truth is found in some of its passages. Kashima wrote: "*Hwandan Gogi* is a unique book that provides a comprehensive understanding of every dimension of human life, including politics, language, custom, and religion," and "*Hwandan*

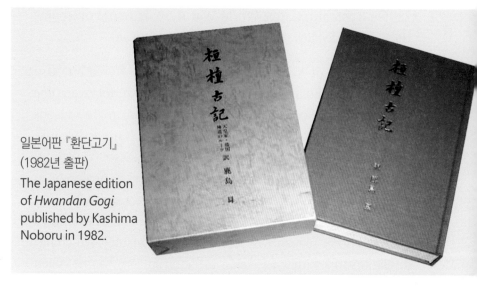

일본어판 『환단고기』
(1982년 출판)
The Japanese edition
of *Hwandan Gogi*
published by Kashima
Noboru in 1982.

　잃어버린 한민족의 시원역사와 인류의 창세 원형문화 시대를 드러내 주는 『환단고기』. 인류 문명의 지혜의 근원과 원형문화 시대를 밝혀주는 문화 원전입니다. 『환단고기』는 환국 이후 이를 계승하여 9천 년 역사를 간직한 지금의 대한민국 역사의 계보, 국통맥을 밝혀 줍니다. 환국, 배달, (단군)조선, 북부여, 고구려, 대진국, 고려, 조선, 대한민국으로 전수되는 맥을 밝혀 줍니다. 또 『환단고기』는 동서의 모든 사상과 종교의 근원이 되는 원형종교, 얼릴리젼Urreligion을 전하고 있습니다. 그래서 『환단고기』는 인류 원형 종교 경전이며 역사 경전입니다. 찬양이 아니라 이 사서史書에 대한 온전하고 정당한 평가를 하는 것입니다. 러시아 땅에서 시작한 황금시절의 시원역사를 만날 수 있는 이 역사 기록을 통해 오늘날 우리가 진정 러시아와 한국이 한 형제로서 새롭게 만날 수 있다고 봅니다.

카시마 노보루鹿島昇

Kashima Noboru (1925-2001).

Gogi is the greatest treasure of Asia."

Hwandan Gogi is indeed the greatest treasure of Asia. It is a priceless historical text that shines light on the origins of the world's major civilizations and the lost history of Korea. The book reveals the origins of almost all branches of human knowledge. The book also elucidates the exact chronology of the Korean states and dynasties originating from Hwanguk, which existed nine thousand years ago. Moreover, it contains the sacred writings of the oldest form of religious tradition from which all religions and spirituality around the globe derived. I am not blindly worshipping this book, but the book is worthy of such praise. *Hwandan Gogi* guides the readers to Hwanguk and the secrets of the primordial Golden Age of East Asia, including Russia. I believe it truly is a book that will reunite Russia and Korea, which once were brother nations.

그럼 이 『환단고기』는 어떻게 세상에 나왔는지 살펴볼까요? 『환단고기』는 다섯 분의 저자가 천년에 걸쳐서 기록한 책들을 합본하여 계연수 (1864~1920)라는 분이 이름을 붙인 것입니다. 그 이후 지금은 카자흐스탄에 잠들어 계신 홍범도 장군이 오동진 장군과 자신들의 호주머니 돈을 털어가지고 1911년에 30권을 찍어낸 것입니다. 저자 순으로 이 다섯 분을 간단히 살펴볼까 합니다.

첫째는 『삼성기』 상의 저자, 고승 안함로安含老입니다. 이분은 신라시대 때, 중국 수나라에 유학을 가서 수나라 황제를 만나고 돌아와 신라의 선덕여왕께 '앞으로 국운이 안 좋아서 나라에 어려움이 있을 것이니, 황룡사에 9층탑을 세우시라.'고 건의할 만큼 유명한 분입니다. 그리고 불교의 기록에 보면 이 양반이 도통을 해서 돗자리를 펴서 타고 이 천지 허공을 날아다녔다는 것입니다. 그렇게 도가 높은 분이에요. 이분이 **환국에 대한 놀라운 기록**을 근본으로 **배달, 조선, 북부여, 고구려까지 한국 역사의 국통맥을 정리**했습니다. 펜으로 쓰면 불과 2페이

여천 홍범도 장군 묘소(카자흐스탄 크질오르다)
The grave of Hong Beom-do in Kyzylorda, Kazakhstan.

Hwandan Gogi was first published in 1911 by a man named Gye Yeon-su (1864–1920), who compiled five books (if subdivided, thirteen books) written by five authors over the lengthy span of a thousand years. Two of the leaders of the Korean resistance army, Hong Beom-do (1868–1943) and Oh Dong-jin (1889–1944), squeezed money from their own pockets to print thirty copies of this book. Hong Beom-do is buried in a cemetery in Kyzylorda, Kazakhstan. Now, let us briefly take a look at these five authors and the five books of *Hwandan Gogi*.

The first book is *Samseong Gi I*, ("*The Annals of the Three Sacred Nations*," Volume I) written by Anhamro (579–640). Although comprising only a little more than two pages, *Samseong Gi I* contains important historical facts about Hwanguk as well as the full chronology of the Korean states from Baedal to Goguryeo, which were the successors of Hwanguk. Anhamro was a Buddhist master during the Silla Dynasty. He was so famous that he even earned recognition from the King of the Sui Dynasty. He was such a clairvoyant person that he predicted the fate of Silla and counseled Queen Seondeok (r. 632–647) to construct a nine-story pagoda at Hwangnyong Temple (literally, "Imperial Dragon Temple") to avoid disaster. According to Buddhist accounts, he displayed extraordinary abilities, such as flying on carpets.

여천 홍범도洪範圖 (1868–1943)
Commander Hong Beom-do of
the Korean Independence Army.

송암 오동진吳東振 (1889–1944)
Commander Oh Dong-jin of the
Korean Independence Army.

지밖에 안 되고 작은 글씨로 쓰면 한 페이지입니다. 그게 바로 『삼성기』입니다. 이것을 '『삼성기』 상'이라고 합니다. 여기에는 **인류 최초의 국가인 환국의 기록**이 간단히 나와 있습니다.

두 번째는 또 다른 『삼성기』가 존재하는데 이걸 **삼성기 하**라고 합니다. 고려 말 **원동중**元董仲이란 분이 쓰셨습니다. 그래서 제가 30년 동안 원동중이 과연 누군인지 찾아보았습니다. 대한민국 족보박물관에도 원동중이라는 인물이 없고, 원 씨의 종가, 큰 종손들, 그 문중들을 통해서 물어봐도 알 수가 없었습니다. 그런데 몇 년 전 **원주에 묻혀 있는 고려 말의 대학자인 원천석**이라는 분의 묘소(강원도 원주시 행구동 산37)를 찾아갔습니다. 그분의 사당에 올라갈 때 설명해놓은 글에, **운곡**耘谷**(원천석)은 말년에 저술한 6권을 자손에게 보이며, 이 책을 가묘에 갖춰두고 잘 지키도록 하라**고 유언했다고 합니다. 자손들이 '우리 할아버지는 역사에 도통한 분'이라는 것을 알았지만, **후에 자손들에게 화가 미칠까 두려워하여 증손 대에 불살라 버렸다**고 합니다. 그때 깨달았습니다. "**원동중은 원천석이다.**" 이렇게 마음속으로 판정했는데 그것이 문헌으로도 입증되었습니다.

『삼성기』 상을 쓴 안함로
Anhamro (579–640).

운곡 원천석元天錫
Won Cheon-seok (1330–?).

There is another *Samseong Gi*, which is said to have been written by a person named 'Won Dong-jung.' This book was later named '*Samseong Gi II*.' Since the name 'Won Dong-jung' does not appear elsewhere except for this document, I sought to identify who he really was. I searched every genealogical record of the Won families and interviewed many elders of the Won families, but could not find a clue for thirty years. It was only a few years ago that I discovered that the real name of Won Dong-jung was 'Won Cheon-seok.' Won Cheon-seok (1330–?) was a great scholar of the Late Goryeo Dynasty. While visiting his grave and the memorial temple located in Wonjoo City a few years ago, I found on a guideboard at the entrance the following statement: "[Won Cheon-seok] wrote six volumes of unofficial history, but unfortunately they were burned by his grandsons for fear that they could be used against our national history and the regime." It was then that I felt a strong conviction that he was Won Dong-jung. A recent discovery of a written record that explains Won Cheon-seok adopted 'Dong-jung' as his pen name reinforced my conviction.

창의사彰義祠, 원천석 선생을 모신 사당(강원도 원주)
The memorial temple of Won Cheon-seok in Wonju City, Korea.

원천석은 조선 왕조 태종太宗 이방원(1367~1422)**의 스승입니다.** 조선을 건국할 때 이방원이 찾아와 조선 왕조에 봉사를 해달라고 부탁했으나, '불사이군不事二君(두 임금을 섬기지 않는다, 고려의 신하로서 조선을 섬길 수 없다.)'이라 하며 거절했습니다. **동중**董仲**이라는 필명**을 쓴 이유는 **중국 진나라 때 동호**董狐라고 하는 강력한 사관이 있었는데, 이 사람이 자기들의 과거 왕조 역사를 판단하는 것이 너무도 예리해 원천석이 그 동호를 존경해 '내 필명으로 쓰겠다. 동중으로 쓰겠다.'라는 일화로 전해집니다.

세 번째는 **부여의 역사 즉 북부여사와 동부여사를 전체적으로 밝혀준 복애거사 범장**입니다. 이분은 원천석, 즉 원동중과 친구 사이인데『화해사전華海師全』을 공동으로 저술했습니다.

네 번째는 **단군조선 2천 년 역사 핵심을 기록한 분으로 공민왕 때 수문하시중**守門下侍中**을 한 행촌 이암**李嵒**입니다. 학문의 경지가 대단히 높은 분입니다.** 그런데 이 가문은 대단한 가문입니다. 이분의 아우 이교李嶠가 바로 원천석의 스승이 되고, 행촌 이암의 손자 이원李原이 훈민정음을 만든 세종대왕의 스승입니다.

동호董狐 (2,600여 년 전 중국 춘추시대 진晉나라 사관)
Dong Hu (dates of birth and death unknown).

Won Cheon-seok was a renowned scholar who educated young Yi Bang-won (1367–1422), who later became Taejong, the third King of the Joseon Dynasty. After Yi Bang-won became an adult, he aided his father Yi Seong-gye (1335–1408) in overthrowing Goryeo and founding the Joseon Dynasty. It is said that Yi Bang-won requested that his teacher Won Cheon-seok serve the new dynasty, but Won Cheon-seok rejected the offer and spent the rest of his life as a hermit. 'Dong-jung' was Won Cheon-seok's pen name. This pen name includes the character 董 (*dong*), which is one of the characters that comprise the name 'Dong Hu.' Dong Hu was a very judicious historian in the Jin state during the Spring and Autumn Period (c. 771–476 BCE), and Won Cheon-seok admired him deeply.

Won Cheon-seok had a friend, Beom Jang (?–1395, a.k.a. Beom Se-dong), with whom he collaborated in editing the biography of Shin Hyeon (1298–1377), a great scholar of the Goryeo Dynasty. Beom Jang is the person who wrote the book *Buk Buyeo Gi* ("*The Annals of North Buyeo*"), another of the texts that comprise *Hwandan Gogi*. This book records in detail the history of North Buyeo and East Buyeo.

Another of the books that comprise *Hwandan Gogi* is *Dangun Segi* ("*Annals of the Dangun's Nation*"), written by Yi Am (1297–1364). This book meticulously describes the full 2,096-year history of Joseon. Yi Am, who was one of the top scholars of his time, served as prime minister during the reign of King Gongmin (r. 1351–1374) of the Goryeo Dynasty. In fact, Yi Am belonged to a very prestigious family. His younger brother Yi Gyo (?–1361), who was also a great scholar, had Won Cheon-seok as a student; and his grandson Yi Won (1368–1430) was the high minister who was in charge of educating the royal princes. One of the students of Yi Won was Sejong the Great (r. 1418–1450), the fourth King of the Joseon Dynasty, who created and promulgated the Korean alphabet, Hangul.

『환단고기』 전체 분량의 약 80%를 고성 이씨 문중에서 기록했습니다. 먼저 **행촌 이암**李嵒(1297~1364)이 『단군세기』를 쓰셨고, 그다음에 **4 대손인 이맥**李陌(1455~1528)이라는 분이 「태백일사」를 저술했습니다. 이 분이 다섯 번째입니다. 이 분은 조선 중종 때 **임금님의 역사를 기록하는 찬수관**撰修官이었습니다. 즉 조선 왕조의 역사를 기록하는 역사 기록자라는 말입니다. **「태백일사」는 총 여덟 권**으로 돼 있는데 이 내용이 『환단고기』의 **60%**를 차지하고 있습니다. 그 다음 4대손 **해학 이기**李沂(1848~1909)라는 인물이 『환단고기』의 「태백일사」를 보존하고 있다가, 자신의 애재자인 **계연수**桂延壽(1864~1920)에게 전해주어 『환단고기』 란 책으로 **1911년에 나오게 된 것**입니다. 북한 고성 이씨 문중에 **이유립** (1907~1986) **한암당 선생**이 이 책을 품에 안고서 내려와 전 세계에 퍼져나가게 됩니다.

『환단고기』의 저자들 가운에 행촌 이암이 단군 왕조 2천 년 역사를 「단군세기」에 기록했습니다. 이것을 손자 이원이 세종대왕을 모시며 우의정으로 지낼 때 '우리 조부祖父님의 저작물입니다.' 하고 세종대왕께 바쳤습니다. **세종대왕께서 「단군세기」를 펼쳐보고는 우리 원시 한글을 발견**합니다. 이것을 보고 충격 받은 세종대왕님이 '내가 우리 말을 만들어야 되겠다' 해서 지금의 한글이 나오게 되었습니다. 『**세종실록**』을 보면 **자방고전**字倣古篆이라는 글귀가 있는데, 중요한 것은 세종대왕께서 완전히 새로 만든 것이 아니라 옛날 문자를 모방했다는 것입니다.

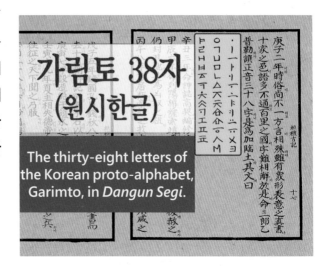

가림토 38자
(원시한글)

The thirty-eight letters of the Korean proto-alphabet, Garimto, in *Dangun Segi*.

『단군세기』를 쓴 행촌 이암
Yi Am (1297–1364).

The clan to which Yi Am belonged—the Yi clan of the Goseong lineage—played a central role in the publication of *Hwandan Gogi*. Firstly, almost eighty percent of *Hwandan Gogi* was written by members of this family. Yi Am wrote *Dangun Segi*; and Yi Maek (1455–1528), his great great grandson, wrote the eight books of *Taebaek Ilsa* ("*The Hidden History of the Great Radiance of Heaven and Earth*"), which comprises approximately sixty percent of *Hwandan Gogi*. Yi Maek was an official chronicler of Joseon's royal court during the reign of Jungjong (r. 1506–1544). Second, Yi Gi (1848–1909), a descendant of Yi Maek, contributed to the compilation of *Hwandan Gogi* by giving his student Gye Yeon-su a copy of *Taebaek Ilsa*, which was secretly in the possession of his family. Finally, *Hwandan Gogi* became known to the world through the efforts of Yi Yu-rip (1907–1986), another member of the Yi clan of the Goseong lineage, who defected from North Korea to South Korea in 1948, bringing one of the first prints of *Hwandan Gogi*.

What is interesting is that a Korean proto-alphabet is found in *Hwandan Gogi*. According to *Dangun Segi*, this early Korean alphabet was created during the reign of Dangun Gareuk (r. 2182–2138 BCE), the third Emperor of Joseon. Many scholars contend that Yi Won, who was a state councillor during the reign of Sejong the Great, must have presented to his king the book his grandfather had written. They say that the king, amazed to find the ancient script in the book, must have used it as a model to develop a more systematic writing system, Hangul. This is quite a plausible argument because the *Annals of Sejong* states that Sejong created the twenty-eight letters of Hangul by "emulating an old script." It seems Hangul was not made from scratch, but was based upon a proto-writing system from ancient Korea.

우리는 『환단고기』와 『환단고기』 저자들에 대한 권위를 새롭게 인식해야 합니다. 『환단고기』의 기록자들은 동서고금의 어떤 책의 편찬자보다 더 권위가 있는 인물이었습니다.

『환단고기』는 조선 왕조 초기에 임금님께 전수되었던 책이었습니다. 그러나 **보아서는 안 되는 책, 죽음의 책**이 되었습니다. 이 책은 조선 왕조의 국시인 유교의 근본 틀을 다 파괴하기 때문에, 이 책을 가지고 있거나 보는 자는 잡히면 무조건 처형되었습니다. 그래서 예종(조선 제8대 왕, 재위 1468~1469) 때 생긴 사자성어가 **닉자처참**匿者處斬입니다. 이 책을 숨긴 자는 목을 벤다는 것입니다. 『환단고기』는 그만큼 절대 권위를 가진, 아무나 볼 수 없었던 금서禁書의 책이었습니다. 기존의 유교나 불교나 모든 종교의 역사관으로 해독이 될 수 없으며 조선 왕조의 체제를 흔들어놓는 위험한 책으로 판단해 조선 초기 때부터 이 책을 수거했습니다. 그래서 『세조실록』, 『성종실록』을 보면 '안함로의 「삼성기」, 이런 책들을 발견 시 수거해라.' 이런 왕명까지 내렸던 것입니다.

『환단고기』 문화의 정신은 무엇인가? 한마디로 환桓, 밝을 환 한 글자입니다. 인류 문화의 영원한 주제, 모든 종교의 주제, 우리들의 삶의 목적, 행복의 궁극의 그 머나먼 목적지, 깨달음의 근본 주제가 바로 환입니다. 환桓, 밝을 환 자, 우주 광명 환! 『환단고기』 역사관, 인류 창세문화 역사관, 우주관, 인간관, 신관, 깨달음, 도통과 인간 마음 속에 내재돼 있는 이 우주의 영원한 생명, 신성, 우주광명 '환' 『환단고기』의 환, 우주광명 문화를 상징하는 것이 바로 '태일太一'입니다.

So far, we have learned about the five authors of *Hwandan Gogi*. What we must remember is that they were all extremely prestigious scholars and prominent historians of their times.

Unfortunately, many of the books that comprise *Hwandan Gogi* were strictly outlawed during the Joseon Dynasty (1392–1910). This was so because the ruling class of the Joseon Dynasty, who adopted Confucian ideals and doctrines as the state ideology, feared that these books would shake the very foundation of their state and devastate the state's hierarchical system, and so they labeled the texts as "dangerous books." A royal decree issued by Yejong (1450–1469), the eighth King of the Joseon Dynasty, even included a grave notification that anyone who secretly possessed these books would be beheaded. In the *Annals of Sejo*, the *Annals of Yejong*, and the *Annals of Seongjong* are found a list of the books that were collected and burned. This list included *Samseong Gi I* and *Samgseong Gi II*. These became "forbidden books" because they contained historical accounts that were radically different from what people were taught in society under the influence of religions such as Confucianism and Buddhism.

The central idea that the book *Hwandan Gogi* conveys can be summarized by a single character: 桓 (*hwan*), meaning "light" or "illumination." This character *hwan* represents our innate nature— eternal bliss—the recovery of which is what we live for. *Hwan* symbolizes the divinity within each one of us. In fact, *hwan* has been the timeless theme of the teachings of different religions and cultures for many millennia. A person who has completely actualized the divine light *hwan* within themselves has been described throughout history using the term *tae-il* (太一, literally the "great oneness"), meaning 'a person who has attained great oneness with heaven and earth.'

창덕궁 후원에 가면 효명세자가 아버지 순조를 위해 지은 **연경당**演慶堂(1828년 건립)에 아주 유명한 편액이 있습니다. 그것이 '**태일문**太一門'입니다.

또 **창덕궁 후원에 부용정**芙蓉亭이라는 정자가 있습니다. 숙종 때 지은 택수재澤水齋라는 정자를 정조 때 고쳐 지으면서 이름을 바꾼 것인데, 그 정자에 가서 보면 **지붕이 우주 원십자**原十字 **모양**입니다. 그 **우주 원십자**가 바로 태일입니다. 그 앞의 못은 '**천원지방**天圓地方'으로 지어졌는데 그것 또한 『환단고기』 역사문화의 원형인 것입니다.

창덕궁 연경당 태일문
This plaque, which reads 太一門 ("Tae-il Gate"), hangs at an entrance to Yeon-gyeong House in Changdeok Palace, Seoul.

창덕궁 부용정芙蓉亭의 평면은 우주 원십자 모양(太一)
Buyong Pavilion has the shape of a cross.

The word '太一' (*tae-il*) sometimes appears in the traditional architecture of Korea. If you visit Changdeok Palace, which was one of the main palaces during the Joseon Dynasty, you will have an opportunity to walk through its beautiful rear garden. In this garden stands a building complex called 'Yeon-gyeong House.' It was built at the order of the short-lived Crown Prince Hyomyeong (r. 1827–1830) for the ceremony of presenting a posthumous title to his father, King Sunjo (r. 1800–1834). One of the gates that leads to Yeon-gyeong House was named 'Tae-il Gate.'

Another piece of architecture that embodies the philosophy of *tae-il* is in Changdeok Palace. It is Buyong Pavilion. The pavilion was originally named 'Taeksu Pavilion,' but was rebuilt during the reign of King Jeongjo (r. 1776-1800) and given its current name, 'Buyong Pavilion.' An aerial perspective shows that the building is cross-shaped. The cross is, in fact, a shape that symbolizes the idea of *tae-il*. Buyong Pavilion is situated to the south of the pond known as 'Buyong Pond.' The square pond with a round island in the center was designed in accordance with Korean traditional ideology, which asserts that heaven is round while the earth is square—an idea that has its origin in Hwanguk.

부용정의 연못은 천원지방天圓地方의 형태이다.
Buyong Pond was designed in accordance with Korean traditional ideology, which asserts that heaven is round while the earth is square.

러시아 통사通史, 유라시아 대륙에 꽃핀 러시아 역사

이제 러시아 통사로 한번 들어가 보겠습니다. 러시아 문화 역사를 어떻게 볼 것인가? 오늘은 제가 러시아를 답사한 것 중에서 여러분과 공유해야 할 정도의 상식만 언급하면서 정리를 해보기로 하겠습니다.

유명한 역사가이자 철학자, 신학자인 베르자예프가 러시아에는 '다섯 개의 러시아가 있다.'고 했습니다. 키예프 루시, 타타르 루시, 모스크바 루시, 표트르 대제 때의 제국, 소비에트 러시아. 보통 여기에 더 추가하면 앞에는 유목문화 시대, 뒤에는 현대 러시아입니다.

러시아 역사는 2,060년의 유목문화, 두 개의 왕조 류리크와 로마노프 왕조를 합쳐 약 천 년. 이 역사가 약 3천 년이고 후에 지금의 러시아가 약 200년을 흘러왔습니다. 그앞에 우리가 모르는 러시아의 시원문화 역사가 존재합니다. 하지만 러시아 전역에 이런 유물이 나오고 있습니다. 러시아에 잠들어 있는 시원역사 문화는 무엇인가? 이 문화를 어떻게 해석할 것인가? 인류의 수많은 조상님들이 살다간 그 중심 땅, 옛적에 환국이 있던 이곳 러시아에 환국문명의 정신이 어떻게 내려온 것인지 살펴보겠습니다.

시원문화역사시대	유목문화시대	류리크왕조	로마노프왕조
Ancient Golden Age	Nomadic Steppe Empires	Rurik Dynasty	Romanov Dynasty
?	BCE 1200~860	860~1598	1613~1917

An Overview of Russian History

Now, let us move on to a discussion of Russia. Let me just briefly mention some highlights of Russian history in chronological order and share with you what I have found during my research trip.

Nikolai Berdyaev (1874–1948), an eminent Russian religious philosopher, identified five periods in the history of Russia, or "five Russias": the Russia of Kiev; the Russia of the Tatar Period; the Russia of Moscow; the Russia of Peter the Great; and, finally, the Soviet Russia. But today, Russian history is more commonly divided into seven periods. Before Kievan Rus (862–1242 CE), nomadic tribes inhabited the steppes of what is now Russia. In addition, with the collapse of the Soviet Union in 1991, the new state called the 'Russian Federation' inherited the Soviet legacy.

The history of Russia is believed to have begun approximately 3,200 years ago. The cultures of the Eurasian nomads flourished for about 2,060 years, from 1200 BCE to 860 CE. Then came the Rurik Dynasty followed by the Romanov Dynasty, together comprising the one-thousand-year rule of the Russian monarchy. And it has been a century since the end of the monarchy. What is not well known is that there was a very ancient culture dating to the era preceding the nomadic period. Overwhelming amounts of evidence of this long-forgotten culture have been discovered throughout Russia. The people that impelled the rise of this culture seem to have been the people of Hwanguk, the earliest civilization, which stretched into what is now Russia. In the next part of my presentation, you will learn that the ideas and culture of Hwanguk have been influencing Russia throughout the course of her history.

소비에트연방, 러시아

Soviet Union and
Russian Federation

1917~

러시아 시원문화시대를 인류학자들이 **황금시절**이라고 합니다. 다음은 키메르, 스키타이, 사르마티아, 고트족, 훈족, 아바르인, 하자르 이런 식으로 쭉 **일곱 개로 이어지는 유목문화 시대**가 있습니다. 제일 먼저 3,200년 전 키메르가 500년을 여기서 살다 물러갔습니다. 이때 키메르, 스키타이 사람들이 들어오고 나갔는데 **이들 유목민이 동방의 문화 원형을 가지고 이곳으로 들어온 것**입니다. 일부 역사가들은 이들이 흑해를 중심으로 살다가 러시아 남부에 들어온 것이라 말하기도 합니다.

키메르인이 청동기 문화를 가지고 중앙아시아에서 남부 러시아에 들어왔습니다. 그런데 **키메르인이 화살을 쏘는 모습을 보면 동방문화와 똑같습니다.** 뿐만 아니라 훈족이나 스키타이도 마찬가지입니다. 흑해 북부에서 나온 그들의 유물 가운데 머리에 쓴 깔때기 모자가 있습니다. 이 깔때기 모자에 인류 원형문화의 비밀이 있습니다.

In the beginning of Russian history, there existed the very first civilization of humanity, which archeologists call the ancient 'Golden Age.' Then there was a period when the seven nomadic tribes—Cimmerians, Scythians, Sarmatas, Goths, Hun, Avars, and Khazars—occupied the vast steppes of southern Russia. According to historical records, it was the Cimmerians who first migrated to what is now Ukraine and Russia 3,200–2,700 years ago. They inhabited that region for about five hundred years until other nomadic tribes arrived. Although some historians claim that the homeland of these nomadic pastoralists was the region near the Black Sea, located in western Eurasia, one cannot deny that the tribes showed East Asian cultural characteristics.

When the Cimmerians migrated from Central Asia to southern Russia, they brought with them the advanced Bronze Age culture. The illustration of the Cimmerian horse archers on the screen [p. 78 picture] depicts archers twisting their bodies backward at a full gallop in order to shoot at a pursuing enemy. This tactic was the trademark of the ancient Korean and Mongolian warriors. What is also notable in this illustration are the funnel-shaped hats they are wearing. This type of hat is one of the keys to solving the mysteries of the world's first civilization.

파르티안 사법으로 활을 쏘는 키메르 전사
(BCE 9~BCE 7, 흑해 북부/우크라이나 국립역사박물관)
A print of Cimmerian horse archers (dated 9–7 BCE) on display at the National Museum of the History of Ukraine. They are using the tactic known as the 'Parthian shot.'

그들 다음으로 2,700년 전 **경무장을 한 스키타이**가, 그 뒤에는 **말안장과 등자로 중무장을 한 사르마티인**이 등장합니다. **갑옷으로 무장**을 해서 스키타이인보다 더 강력했습니다.

다음에는 **훈족**이 들어오고, 나중에 유럽으로 들어가 서로마 제국이 무너지는 배경을 조성하게 됩니다. 그 다음에는 **유연족인 아바르족**이 들어왔는데 돌궐족의 압력을 받아 중앙아시아에서 서쪽으로 이주한 몽골계 집단이었습니다. 그 다음에는 투르크(지금의 터키) 계열인 **하자르**족이 여기에 들어옵니다.

제가 답사 차 키예프 박물관을 가서 놀라운 것을 발견했습니다. **9,213년 전 러시아 땅에 인류 최초의 나라 환국이 실제로 존재한 근거가 바로 이 박물관에 전시되어 있습니다.** 6천 년 전 사람들이 2층 집을 짓고 살았다는 것입니다.

이층주택 복원도 (6천 년 전~5천 년 전, 우크라이나 국립역사박물관)
A pictorial recreation of two-story houses built in Kiev six thousand years ago. From the National Museum of the History of Ukraine.

The Cimmerians were driven by the Scythians out of southern Russia approximiately 2,700 years ago. The Scythian nomads established a strong state, but were conquered by the Sarmatians in 3 BCE. The Sarmatians were fully armored, and their horses were equipped with saddles and stirrups.

In the fourth century CE, the Huns invaded parts of modern-day Russia and ruled there for many decades. The Hun invasion of Ukraine and western Russia was a stone that caused a great avalanche known as the 'great migration of nations,' which caused the fall of the Western Roman Empire. Then, the Rourans (Pannonian Avars), a people of Proto-Mongolic Donghu origins whose Khaganate was overthrown by the Turks, migrated west and settled in southern Russia and Pannonia (centred on modern Hungary) during the sixth century. Beginning in the seventh century, the Khazars, a semi-nomadic Turkic people from Central Asia, dominated much of what is today southern Russia.

Now let me share with you some of the amazing archaeology, art, and architecture of early Russian culture, which support the hypothesis of Hwanguk's existence beginning 9,213 years ago. When I visited the National Museum of the History of Ukraine, located in Kiev, there were many things that truly took me by surprise. One of them was the fact that the people who lived in the Kiev region 5,000–6,000 years ago built two-story houses for their residences. A pictorial recreation of these buildings was on display at the museum.

The museum was full of artifacts that reflected the cosmological ideas of the ancient Russians.

동양에서 볼 수 있는 5~6천 년 전의 태극 문양의 도자기가 있었습니다.

가장 충격적인 것은 **5~6천 년 전**에 만들어진 그릇에 우물 정#자 문양이 그려져있고, **주전자와 같은 도구가 3수로** 되어 있습니다.

우물 정# 자 문양 토기 (6천 년 전~5천 년 전, 우크라이나 국립역사박물관)
Plates crafted 5,000–6,000 years ago. A cross pattern is carved on them. National Museum of the History of Ukraine.

여기 문양을 보면 **환국 시대부터 전승된 하늘과 땅과 인간의 이야기가 담겨 있는 원형[원圓], 사각형[방方], 삼각형[각角]**이 나타나 있습니다.

태극문양 항아리 (6천 년 전 ~ 5천 년 전, 우크라이나 국립역사박물관) Pottery dating from 5,000– 6,000 years ago. On the surface is carved a Taegeuk symbol. National Museum of the History of Ukraine.

At the museum was a piece of pottery from 5,000–6,000 years ago, on the surface of which was carved a pattern similar to the East Asian Taegeuk (Taiji) or a yin-yang symbol.

What amazed me the most were plates 5,000–6,000 years old with a cross or a pattern similar to a pound symbol (井) carved or inlayed on them. Another artifact I thought was very interesting was a kettle with three sprouts, because the number three was considered sacred and had symbolic power in the ancient East Asian world.

우물 정井 자 문양 토기 (6천 년 전~5천 년 전, 우크라이나 국립역사박물관)
Plates that have a pattern similar to a pound symbol (井). National Museum of the History of Ukraine.

3수로 된 검정토기 (5천 년 전, 우크라이나 국립역사박물관) A kettle with three sprouts. National Museum of the History of Ukraine.

The ancient pottery and plates excavated in this region had circular, rectangluar, and triangular patterns on them. These are the three shapes that have held significance since the Hwanguk era. These three geometric shapes symbolize heaven, earth, and humanity, respectively.

A circle symbolizes Father Heaven. A rectangle symbolizes Mother Earth. A triangle symbolizes humanity.

더 충격적이었던 것은 아까 보았던 **5,500년 전의 원형 천신단이 5천년 전의 흑해 북부에서 똑같이 발견됩니다.** 동서 4대문명의 원조라 할 수 있는 홍산문화의 천신단보다도 더 원형적인 모습으로 발견되었습니다.

천단을 자세히 살펴보면 **삼단**으로 되어 있고, **도자기와 같은 어떤 도구를 주위에 둘러쌌습니다.** 일본의 하니와[埴輪]와 동일한 모습입니다. **제祭를 지내는 도구**이거나, **우주의 노래인 주문呪文을 읽을 때 소리 공명의 효과**를 내기 위해서 사용한 것으로 보여집니다.

What is even more amazing is that a ceremonial construction as old as the one at the Niuheliang site was discovered in the Northern Black Sea area. Niuheliang in Liaoning Province belonged to the Hongshan culture (4700–2900 BCE), which is considered to be one of the earliest human cultures—one that preceded the 'four major civilizations of the ancient world.' However, the altar structure found in the Northern Black Sea area seems to be dated even earlier.

If you look at the screen, the slide [see picture below] shows that the altar structure was three-tiered and on its cylindrical terraces were placed some cylindrical objects. This reminds me of the Japanese tombs during the Kofun Period (300–538 CE). It seems that these objects were used for rituals, as tools to maximize the reflection of sound waves while ritual chants were performed.

An artist's rendering of the altar structure discovered in the Northern Black Sea region.

홍산문화의 천신단
(5500년 전, 요령선
건평현)

A digital recreation of the three-floored altar structure at the Niuheliang site in today's Southeastern Inner Mongolian Autonomous Region.

자, 그러면 키예프 성립의 초기 역사로 들어가 봅시다.

러시아 역사는 **키예프 루시부터** 이야기합니다. **러시아 역사가 처음 시작된 지금의 우크라이나의 수도 키예프**에, **세 왕자의 언덕**이라 불리는 그곳을 가보면 당시의 **러시아 사람들이 수천 년 전부터 믿어왔던 자연종교의 원형 신전**이 있습니다. **신전 터를 보면 세 겹의 원圓**으로 되어 있는데, **그 원의 중심에는 천심天心석**이라고 하는 **하늘의 마음을 상징하는 돌**이 있습니다.

하니와埴輪 토기를 장식한 일본 고분
A royal tomb from the Japanese Kofun Period. Haniwa cylinders are arranged in circles around the tomb.

Although various nomadic states ruled Russia for a long period of time and the ancient 'Golden Age' had probably existed prior to that, it is traditionally considered that the history of Russia begins with Kievan Rus' (882–1283), the East Slavic state. In Kiev, the capital of present-day Ukraine, there is a sacred mountain called 'Starokievska Hill' that is considered to be Kievan Rus's place of origin. On this hill remain the ruins of an old sanctuary. It is a three-tier concentric circular structure, and at its center stand stone slabs. Ancient East Asians would also place stone slabs at the center of a circular altar. They considered these stones to be the symbol of Father Heaven's heart. Interestingly, Kiev is known to have been founded by three brothers: Kyi, Shchek, and Khoryv.

이 키예프 루시는 역사학계에도 많은 논쟁이 있습니다. 8세기에서 11세기까지의 유럽 서북단 스칸디아비아의 바이킹을 그리스와 중동 사람들이 '루시'라고 불렀다고 합니다. **지금 러시아라는 국호는 루시라는 단어에 근원을 두고 있습니다.**

키예프를 세운 기이, 쉬첵, 호리브 삼형제와 여동생 리비드라의 동상 (키예프 독립광장)
The "Statue of the Founders of Kiev" at Independence Square in Kiev, Ukraine. Kyi, Shchek, and Khoryv are the three legendary brothers, and they are sometimes mentioned along with their sister, Lybid.

Kievan Rus' was known as the 'Land of the Rus,' and the modern name of Russia is derived from the name the people of Rus' called themselves. But the historiography of the origins of the Rus' people is very contentious. Some scholars say the Rus' people were Varangians: Scandinavian Viking migrants.

러시아 창세역사 시원터 (우크라이나의 수도)
Ancient ruins considered to be Kievan Rus's place of origin. Starokievska Hill in Kiev, Ukraine.

바이킹의 배 (바이킹 선박박물관, 노르웨이 오슬로)
The Oseberg ship on display at the Viking Ship Museum, Norway.

8세기 중반 바이킹들이 얼마나 강력했는가? 세계에서 가장 뛰어난 발명품 중 하나인 바이킹 배가 있는데, 이 배는 물에 1미터 이상이 안 들어간다고 합니다. 바이킹은 이 배를 타고 해변가를 휘젓고 다니면서 **유럽의 주요 중심부인 비잔틴과 중동까지도 갔다고** 합니다. 그들은 **영국의 동부와 남부도 지배**했습니다. 이들은 영국에 들어갈 때 선단을 거느렸는데, **당시 영국은 여러 나라로 나뉘어 있었습니다.** 약 백년을 싸우다가 바이킹을 몰아내고 영국 왕조가 성립하게 됩니다.

애설스탠 (895~939)
King Æthelstan of England.

이 바이킹들은 그 위에 있는 **아이슬란드, 그린랜드까지 점령**했습니다. 그들은 그린란드에 정착을 하기 시작했는데 시간이 흘러 최근 발굴된 그들의 유골을 보면 여성의 키는 1미터 20센티미터, 남자의 키는 1미터 50센티미터라고 합니다.

그린랜드의 바이킹 거주지 발굴장면(코펜하겐대학교 고고학팀)
Archaeologists excavate the skeletons of Norse settlers in Greenland.

Scandinavian Norsemen pirated, raided and traded across wide areas of Europe from the late eighth to late eleventh centuries. They made a crucial advance in ship technology and built sleek, speedy longships, which are considered one of the most amazing inventions in world history. Sailing on these longships, the Vikings explored across Europe, including Kievan Rus' and Constantinople, and even as far as the Middle East. They also began to raid England in the late eighth century. Vikings invaded England with hundreds of ships and launched a continuous series of attacks. Ironically, however, their invasion triggered the unification of the English lands. In fact, the history of England began only after King Æthelstan (895–939) conquered the last remaining Viking kingdom and unified the early medieval Anglo-Saxon kingdoms in 927 CE.

The Vikings also explored Iceland and Greenland, establishing settlements. However, after surviving for 450–500 years, the Norse settlements in Greenland disappeared sometime in the fifteenth century, perhaps because of climate change. Archaeologists found hundreds of skeletons with very short stature during their excavation of a Norse settlement in Greenland.

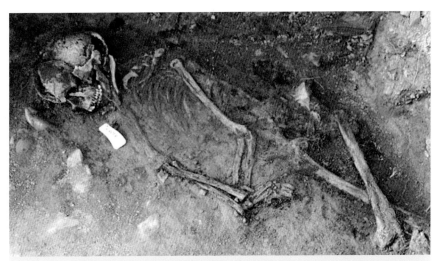

그린란드에 정착했던 바이킹의 유골
A skeleton of a Norse settler uncovered in Greenland.

바이킹들은 그렇게 유럽을 돌며 한때 슬라브인을 잡아 노예 교역을 했습니다. 그들의 교역은 유럽의 문화 교류에도 영향을 주었습니다. 지금은 이 북방 루시, 바이킹들의 문화도 객관적으로 봐야 하고 그들에 대한 시각을 바로잡아야 한다는 주장이 나옵니다.

유전공학으로 밝혀진 바이킹의 시조는 몽골계입니다. 바이킹 초대 왕이 아이바루스인데, 그는 훈족 계열 즉 몽골계입니다.

류리크왕조를 세운 북방 루시의 세 아들, 류리크, 씨네우스, 트루보스는 때로 세 아들, 세 형제가 아니고 다른 지역에 온 사람들이 만나서 의형제를 맺었다고 말하기도 합니다. 맏이 류리크는 노브고로드로 가서 자리를 잡았고, 류리크의 아들인 이고르가 그를 계승하는데 초기에 그의 나이가 어린 것을 대신해 친족 올레그가 다스리면서 처음으로 키예프에 자리를 잡게 됩니다.

류리크 (재위 862~879)
Rurik (r. 862–879).

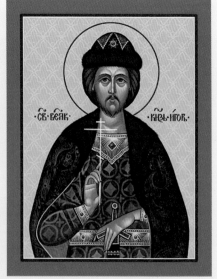

이고르 (재위 912~945)
Igor of Kiev (912–945).

While Vikings were masters at raiding villages and plundering rations, they were equally skilled at establishing trade. Some of the most important commodities traded by the Vikings were slaves, or thralls, and silver. The Vikings established trade networks with the Byzantine Empire and further east that Europeans would utilize for centuries to follow.

Recently, an interesting study was conducted to discover the genetic link between the Viking-era Norsemen and Central Asians. Dr. David K. Faux assessed Y-chromosome DNA from thousands of samples collected from Mongolia to Scandinavia to Britain in order to examine the pattern of their genetic markers. His conclusion was that Vikings were migrants from Central Asia. According to other studies, the famous Viking leader Ivar was of Hun (Xiongnu) origin.

Just as there were three brothers who founded Kiev (Kyi, Shchek, and Khoryv) there were another three brothers (Rurik, Sineus, and Truvor) who were the founders of the Rurik Dynasty. The Rurik brothers are known to have been the sons of the Varangian chieftan of the Rus'. Sometimes, these three men are de-

올레그 (재위 879~912)
Oleg of Novgorod (r. 879–912).

올가 (재위 945~962)
Olga of Kiev (r. 945–960).

그 다음에 이고르의 죽음 후 그의 아내 **올가**Olga(키예프 공국의 네 번째 통치자이자, 최초의 여성 군주, 재위 945~962)가 나타납니다. 비잔틴 황제가 그녀를 아내로 삼으려 하자 **'나는 우리 만신을 모신다, 당신은 기독교를 믿으니 세례를 다오.'**라고 합니다. 그래서 그에게 세례를 받고서는, '당신은 나의 대부니까 결혼을 할 수가 없다'라고 하며 돌아왔다고 합니다. 그 손자 **블라디미르**가 그리스정교를 받아들이면서 **러시아는 크리스찬 국가가 됩니다.**

블라디미르 (재위 980~1015)
Vladimir the Great (c. 958–1015).

블라드미르와 그의 할머니 올가에 의해 **러시아의 문화는 서방 기독교 문화와 접목되는 극적인 전기점**을 맞이합니다. 할머니인 올가는 블라디미르가 어릴 때부터 교육을 시켰습니다. 그가 왕이 된 후 국교를 그리스 정교로 바꾸게 되었는데 처음에 전 국민들에게 세례를 받으라고 명령하자 **국민들이 '우리는 전통적으로 원래 믿는 신이 있다.'며 강력하게 저항**했습니다. 그러나 블라디미르는 강력하게 밀고 나가서 마침내 십일조를 걷어 교회를 세우게 됩니다. 나중에 몽골 타타르가 침략해서 교회 건물을 파괴하고 신자들을 하나도 남기지 않고 죽입니다.

scribed as allies rather than brothers. Anyway, the three brothers settled in Novogorod, Belo Ozero, and Izborsk respectively. Two of the brothers died and only Rurik (c. 830–879) survived, becoming the progenitor of the Rurik Dynasty. Just before death, Rurik entrusted his kingdom and his young son Igor to his kinsman, Oleg (r. 879–912). Oleg extended his power to Kiev and laid the foundation of the state of Kievan Rus'.

After Igor's death in 945, his wife Olga (r. 945–960) ruled Kievan Rus' as regent on behalf of their son, Svyatoslav. In the 950s, Olga traveled to Constantinople, the capital of the Byzantine Empire, to visit Emperor Constantine VII. Constantine desired to take her as his wife, but Olga instead asked the emperor to baptize her, knowing that if she married him, their marriage would be a kind of spiritual incest. In 988, Kievan Rus' became a Christian kingdom ruled by Olga's grandson Vladimir (r. 980–1015).

Before Vladimir officially changed the state religion to Orthodox Christianity, the Slavic people had their own native faith, which entailed worship of the supreme God of the universe and of the multiple gods, ancestors, and spirits of nature. Vladimir destroyed their temples and icons, although this triggered widespread indignation among the people in Rus'. He built the first stone church in Kiev in 989, called the 'Church of the Tithes.' The church was given this name because Vladimir set aside a tithe of his income and property to finance the church's construction and maintenance. The church was ruined in 1240 when the Tartar (Mongol) armies of Batu Khan invaded and plundered Kiev, massacring most of its population.

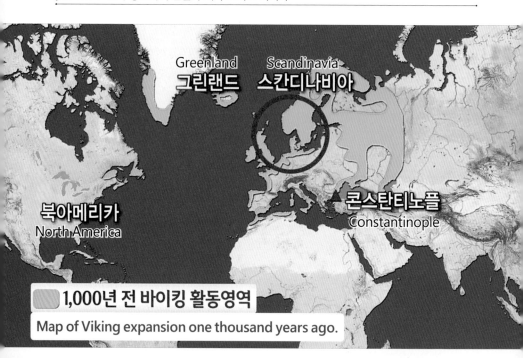

1,000년 전 바이킹 활동영역

Map of Viking expansion one thousand years ago.

851년 350척의 선단으로 영국 침략
866년 요크York를 점령하고 남하

Scandinavian migration to the British Isles (9th century).

바이킹의 그린란드 진출
983년~986년

A map of the Viking migrations
from 983 to 986.

모스크바 공국 강역

모스크바 공국
(1300년경)

모스크바 대공국
(1462~1796)

Grand Principality of Moscow
Territorial growth from 1300 (green color)
to 1796 (blue color).

그 이후에 키예프 공국의 왕인 블라디미르 모노마흐의 작은 아들 **유리돌고루키는 모스크바 도시를 개창**합니다. 여기서부터 **모스크바 공국 시대**가 뿌리를 내리고, **다니엘**이 **모스크바 공국의 초대 대공**이 됩니다.

징기스칸의 손자인 바투가 키예프를 침략할 때 이 도시가 너무 아름다워서 그대로 손에 넣으려고 했는데, 국민들이 너무도 강력하게 저항을 하니까 성문을 딱 일주일 만에 열고 들어가 그들을 거의 몰살시켰다고 합니다. 그때 **키예프 성내에 눈물을 흘려줄 자가 없었다고 할 만큼 참혹한 역사적인 상처**가 있습니다. 그리고 **240년 동안 금장한국 즉 킵차크한국이 러시아를 지배**하게 됩니다. 그러고서 그 역사를 극복하는 과정이 있습니다. 몽골의 지배에서 벗어나기 위해 **드미트리 돈스코이**를 거쳐 마침내 1,480년 **이반 3세**에 이르러 몽골 지배로부터 영원히 고난을 종결한다고 선언합니다.

유리 돌고루키 (1099~1157)
Yuri Dolgorukiy
(r. 1149–1151).

드미트리 돈스코이
(재위 1359~1389)
Dmitry Donskoy (1350–1389).

Moscow first appears in history as a small town that Yuri Dolgorukiy (c. 1099–1157), a son of the ruler of Kiev, fortified with walls and a moat. The city's political influence began to increase after Daniel I (1261–1303) was appointed to rule the principality of Moscow.

Kievan Rus' and other Russian principalities were invaded and conquered by the Mongol Empire in the thirteenth century. When the Mogol army of Batu Khan (c. 1205–1255), a Mongol ruler and a grandson of Genghis Khan, first came to Kiev, it is said that the envoys were taken by the splendor of the city and offered the city terms for surrender. But the envoys were killed and the Mongols chose to assault the city. Despite stubborn resistance, the Mongols managed to win the battle and pillage Kiev. The Mongols killed almost every person inside the city. Russia was under the rule of the Mongol's Golden Horde (or Kipchak Khanate) for over 240 years until 1480. The Mongol domination of the Rus' began to crumble during the reign of Dmitry Donskoy (r. 1359–1389), and it was Ivan III who finally ended the dominance of the Mongols (Tatars) over Russia.

다니엘 (1283~1303)
Daniel of Moscow
(r. 1283–1303).

이반 3세
Ivan III, also know as 'Ivan the Great' (r. 1462–1505).

러시아 문화 역사를 쭉 더듬다 보면 누구든지 **필로페이의 서한**을 한 번씩 보게 됩니다. 그 중 **바실리 3세 왕에게 보낸 편지**가 있는데 그 편지를 한 번 살펴보면 "경건한 황제여, 그대의 왕국 속으로 모든 그리스도교 제국이 통합되었습니다. 두 개의 로마는 이미 멸망하고, 세 번째 로마가 새로이 서 있으니, 네 번째는 오지 않을 것입니다." 이 분이 짜르(러시아 황

바실리 3세 (1479–1533)
Vasili III Ivanovich.

제를 부르는 말)에게 아부하기 위해서가 아니라 '이제 우리들의 문화시대가 진정 왔습니다. **당신이 이제 진정한 제3 로마의 제사장이면서 제왕입니다. 우리가 기독교의 진정한, 영원한 종 주**宗主**입니다.**'라고 선언한 것입니다.

이반 3세 때 **쌍두 독수리** 문화가 들어옵니다. 이 **쌍두 독수리는 동서** 東西**를 지켜보고 있습니다.** 독수리 중심을 보면 **성 조지 신화**가 그려져 있습니다. 성 조지 신화는 서양의 오스트리아 박물관을 비롯해서 없는 곳이 없을 정도입니다.

서양   동양

쌍두독수리   성 조지 신화

The coat of arms of Russia depicts a two-headed eagle.

The coat of arms of Russia includes an escutcheon depicting Saint George slaying the dragon with a spear.

At the end of the fifteenth century, Russians believed Moscow was the third Rome. One who studies Russian history would know about the Pskovian monk Philotheus (or Filofei; 1465–1542). In his letter to Tsar Vasili III (r. 1505–1533), Philotheus said, "So know, pious king, that all the Christian kingdoms came to an end and came together in a single kingdom of yours, two Romes have fallen, the third stands, and there will be no fourth." The letter reflected the pride of the Moscow people who believed that Moscow was truly a new Rome, the successor of the Roman Empire, and the center of the Eastern Orthodox Church.

It was during this time of history that the Russian state made the double-headed eagle, a symbol associated with the empire's ambition to dominate both the East and the West, its official emblem. In the late fifteenth century, Ivan III adopted the Byzantine double-headed eagle in his seal, signalling his direct claim to the Roman imperial heritage. Interestingly, the eagle in the Russian coat of arms bears on its chest an escutcheon depicting Saint George, mounted and defeating the dragon. Saint George is considered one of the most venerated saints and greatest martyrs in Christianity.

The Monastery of Saint Ivan of Rila, also known as 'Rila Monastery,' in Kyustendil province of Bulgaria. It was founded in the tenth century.

쌍두 독수리 문화의 원형은 무엇일까요? 불가리아에 유명한 수도사 성 요한이 근 10년 동안 땅바닥에서 기도를 하면서 계시를 받아 세운 **릴라 수도원**(11~14세기, 동방 정교회의 중심지)에 가보면 **여의주를 입에 물고 있는 쌍두 독수리가 있습니다. 쌍두 독수리의 실체는 원래 동방의 봉황**鳳凰**입니다.**

성 조지 신화는 동방의 타타르, 훈족에게 역사적으로 너무 억압을 당해서, '**동방 제왕을 상징하는 용**龍**에게는 앞으로는 영원히 정복당하지 않으리라.**'는 의지로 탄생한 것입니다. 에르미타주에 있는 성 조지 썰매를 보면 창으로 용을 찔러 죽이는 모습을 하고 있습니다. 그럼 러시아의 옛 로마노프 왕조, 그 이전의 류리크 왕조 후반에 나타나는 이 **쌍두 독수리 문장의 뜻은 무엇일까요? 영원한 제3의 로마를 표방한 러시아의 심장부 모스크바의 문장은 바로 동서의 창세문화 환국으로부터 내려오는, 천지일월, 우주 광명, 음양광명문화와 신의 아들을 상징하는 용봉**龍鳳 **문양에서 유래**합니다. 그것이 로마에 전해진 것을 러시아가 가져왔는데, 여기서 용은 제쳐 버리고 **봉황을 중심으로 한 문화로 간 것**입니다.

여의주을 입에 문 봉황
- 불가리아 릴라수도원

This bird image in Rila Monastery carries an orb in its mouth.

The double-headed eagle has been a feature of many cultures throughout history around the world. In Rila Monastery, the largest and most famous Eastern Orthodox monastery in Bulgaria, is hidden a clue to this eagle's origins. Rila Monastery was founded in the tenth century and was named after St. Ivan of Rila (876–c. 946). He was a hermit who spent all of his life in prayer, living in the caves of the Rila Mountains without any material possessions, and his ascetic dwelling and tomb became a holy site and were transformed into the Rila Monastery complex. This monastery is full of mysterious icons and symbols. What is very striking is that the double-headed eagles of this monastery are clamping in their mouths an orb just like the *yeouiju* ("wish-fullfilling jewel") of the dragon and phoenix in Korean mythology and folklore. Since the Hwanguk era, the dragon and phoenix have been symbols of imperial sovereignty and of the fount of divine effulgence, which are also associated with the notions of: Father Heaven and Mother Earth; sun and moon; and yin and yang.

Let us look at the Russian coat of arms again. It features the East Asian symbols for emperors: the dragon and phoenix. The legend of Saint George slaying the dragon seems to have originated from the Russians' resentment against the Tatars, who inflicted an incalculable amount of devastation and suffering upon the Russian people. Since the dragon was the Tatars' symbol of their impe-

성 조지 신화를 조각한 그릇
(모스크바 역사박물관)
A table ornament in the shape of Saint George slaying the dragon. The State Historical Museum in Moscow.

용과 싸우는 모습의 성 조지 썰매
(상트페테르부르크 에르미타주박물관)
A carnival sleigh bearing a likeness of Saint George. The State Hermitage Museum, Saint Petersburg.

소치 올림픽 엠블럼 (봉황의 날개를 상징)
The Sochi 2014 Olympic logo. Five feathers form a laureate wreath which symbolizes the five continents.

　소치 동계 올림픽(2014년)에서 사용한 문양이 봉황입니다. 선수들이 입고 있는 옷에도 봉황새가 있습니다. 엠블럼을 보면 봉황새 날개를 상징하고 있습니다. 이렇게 러시아 문화에는 **봉황새, 불사조**가 있는데 이것은 **불을 상징**합니다. **용은 천지의 물을 다스리는 자연신**이고, 서양 문화에서 **봉황새가 변조된 그리핀은 천지의 불을 다스리는 신성한 자연신**입니다. 이렇게 **용봉龍鳳 문양**을 사용하는 것은 바로 **천자국天子國의 전통**입니다. 이런 문양을 러시아 왕조 문화에서 쓴 것입니다.

　1453년 비잔틴 콘스탄티노플 제국이 멸망한 후, **이반 3세가 쌍두 독수리 문양**을 가져오면서 **짜르라고 하는 황제의 호칭**을 쓰기 시작합니다. 이렇게 러시아가 **동서의 신의 아들 문화**, 즉 **천자문화**를 가져오게 된 것입니다. 대단히 중요한 사건입니다. 그래서 **이반 4세 때 최초의 짜르의 문화양식으로 대관식**을 화려하게 올리고, **새로운 통치법전**을 만들고, 마침내 **러시아 절대왕정시대**를 열게 됩니다.

봉황문양을 사용한 2014년 러시아 소치 동계올림픽 The official outfits for the Russian athletes during the 2014 Winter Olympics were designed with the phoenix motif.

rial authority, the Russians viewed the dragon as an antagonist, making it the symbol of an enemy. They instead adopted only the phoenix as a symbol of their own imperial authority.

The phoenix—in other words, a firebird or griffin—is a legendary bird which features prominently in Russian folklore. While the dragon is associated with water, the phoenix is known to guard celestial fire energy. By promoting the phoenix as the symbol of the nation, Russia has asserted that they are the rightful representatives of the authentic imperial heritage. For the 2014 Winter Olympics in Sochi, the phoenix motif was used in the designs of the Olymic logo, the Olympic torch, and the uniforms for Team Russia.

Again, it was Ivan III who adopted the Byzantine double-headed eagle as the coat of arms of the Grand Duchy of Moscow after the fall of Constantinople to the Ottoman Empire in 1453. He also started to use the title of 'tsar' regularly in diplomatic relations. By assuming this title, he sought to assert that he was a major ruler or emperor equal to the Byzantine emperor or the Mongol khan. In 1547, Ivan IV was crowned the first tsar of all Russia. Ivan IV introduced a new code of laws that made him the first absolute monarch of Russia.

그 후 마지막 **표트르 1세**가 유약해서 가짜 왕들이 나오는 혼돈의 시대를 거쳐 **류리크 왕조가 문을 닫고 로마노프 왕조로** 들어가게 됩니다. **로마노프 왕조**는 이반 4세의 아내의 남동생의 아들인 **필라레트**로 시작됩니다. **필라레트는 대주교**, 즉 종교인입니다. 이 **필라레트의 아들인 미하엘 로마노프가 초대 왕**입니다. 원래 그는 제왕을 할 마음이 없었는데, 그의 아버지가 자신은 성직자로서 보필을 해줄테니 국가를 통치해볼 것을 설득한 것입니다. 그렇게 **로마노프 왕조가 시작됩**니다.

이반 4세 (이반 뇌제)
Ivan IV (1530–1584).

그 후에 **피터 대제**가 나옵니다. 피터 대제가 러시아를 아주 강력하게 개조합니다. '**철의 제왕**'이라 불렸는데, 지구촌에서 아마 키도 가장 장대했을 것입니다. **역사상 가장 강력한 인물 중의 한 사람**으로, 전쟁에 패배하면 더 강해졌습니다. **표트르 대제는 러시아를 완전히 유럽화**합니다. 그 과

미하일 표도로비치 로마노프
Michael Romanov (1596–1645).

정에서 **늪지대를 메워가면서 무수한 러시아 백성들의 죽음 위에 핀 그 땅이 지금 상트페테르부르크**라는 이야기를 우리가 종종 듣지 않습니까? 이 피터 대제가 진정으로 짜르 제국을 확고히 합니다. 유럽에서도 이때 러시아는 제국이라고 인정합니다. 쌍두 독수리의 문양이 본래의 신권을 발휘하기 시작한 것도 이때부터입니다. **러시아의 역사가 완전히 유럽문화 정신으로 기울어진 것이 바로 피터 대제 때입니다.**

표도르 니키티치 로마노프
(필라레트 대주교)
Feodor Nikitich Romanov
(1553–1633), also known as
'Patriarch Filaret.'

표트르대제
Peter the Great (r. 1682–1725).

The rule of the Rurik Dynasty ended with the death of Tsar Feodor I (r. 1584–1598) in 1598. The unstable period known as the 'Time of Troubles' lasted until 1613, when Michael Romanov (1596–1645) was elected Tsar of Russia and founded a new ruling dynasty: the Romanovs. Michael was the son of Feodor Nikitich Romanov (1553–1633, later known as 'Patriarch Filaret'), whose father was brother to Tsaritsa Anastasia, the first spouse of Tsar Ivan IV. Feodor was enthroned Patriarch of Moscow and all of Russia in 1619. Tsar Michael and Patriarch Filaret shared power until 1633.

The tsar who implemented extensive reforms that brought Russia into the modern age was Peter the Great (1672–1725). Under Peter's rule, Russia became a major power in Europe. He was the most powerful and the tallest (standing at 6 ft 8 or 203 cm of height) man among the Russian tsars. It is well known that St. Petersburg was built on a swamp at the cost of thousands of lives through the iron will of Peter. He modernized the Tsardom of Russia, expanding it into the Russian Empire, based on Western and Central European models. The shape of the eagle on the coat of arms of Russia acquired its distinct Russian form during the reign of Peter the Great.

표트르 대제 때 건설된 상트페테르부르크
Saint Petersburg. The city was founded by Tsar Peter the Great in 1703.

예카테리나 2세
Catherine the Great, also known
as 'Catherine II' (1729–1796).

그리고 그의 손자 표토르 3세의 아내 **에카테리나 2세**가 등장합니다. 시아버지인 피터 대제를 이어 자신이 직접 '내가 후계자다.'라고 하면서 **러시아의 문화, 역사의 혼을 집어넣었던 강력한 황제**입니다.

그 다음 **알렉산드로 1세**가 나오는데, 에카테리나 2세가 아주 어릴 때부터 정을 주며 황제로 직접 길러내려고 했습니다. **알렉산드로 1세 때 나폴레옹이 무려 50만 대군을 이끌고 쳐들어옵니다. 알렉산드로 1세는 몽골 유목민들이 싸우는 전법인 '치고 빠지는 전략'**을 이용해 모스크바를 다 불 질러 버리고 후퇴한 후에 나중에 재공격을 하여 승리를 이끌었습니다. 50만 대군이 다 무너지고 한 3만이 남았다고 합니다. 그리하여 **유럽을 통일하고 러시아를 손에 넣어 가장 강력한 천자, 제왕이 되려고 했던 나폴레옹이 완전히 무너져 버립니다.** 이것이 제정 러시아 시대의 한 역사 이야기입니다.

나폴레옹의 러시아 침공
The French invasion of Russia in 1812.

알렉산드로 1세
Alexander I (r. 1801–1825).

Russia grew larger and its culture was revitalized under the reign of Catherine II (r. 1762–1796). Born in the kingdom of Prussia, she married the grandson of Peter the Great, Peter III. She came to power following a coup d'état that overthrew her husband. The period of Catherine II's reign is considered the Golden Age of Russia.

The reign of Alexander I (1777–1825) began in 1801. The favorite grandson of Catherine II, he ruled Russia during the chaotic period of the Napoleonic Wars. Napoleon Bonaparte (1769–1821) and his army of 500,000 men launched a massive invasion of Russia in 1812. However, Napoleon's ambition to rule all of Europe was frustrated by the army of Alexander I, who adopted the 'scorched earth' retreat strategy. As the Russian forces withdrew from the advancing French army, they burned the countryside over which they passed (even Moscow), leaving nothing of value for the pursuing French army. This was, in fact, an ancient tactic of nomadic herders. The result was a disaster for the French. Of the 500,000 French sol-

그 다음에 나타난 **알렉산드로 2세**는 농노제를 폐지했지만, 이미 이 때부터 **억압받는 농노들의 원한이 사무치고 있었습니다.** 일반 백성들이 초기에는 90%, 이후에 줄어들어서 50%까지가 농노였습니다. 이런 사회 모순이 알렉산드로 1세, 2세 때 가면 극에 달하면서 백성들이 조직화되어, 짜르를 제거하려고 하는 혁명 조직이 나타나게 됩니다. 결국 알렉산드로 2세는 암살단에 의해 폭탄세례를 받고 머리가 사라 졌다고 합니다.

그리고 알렉산드로 3세 때, 유명한 혁명가인 레닌의 형이 혁명세력 에 가입했다가 처형된 일이 있었습니다. 그래서 레닌이 1917년 볼셰 비키당 혁명 당시 러시아의 마지막 황제인 니콜라이 2세와 그 일가를 참혹하게 죽이는 비극을 우리는 기억하고 있습니다.

그런데 러시아 역사는 이것만이 아닙니다. 본론 2번으로 들어가서, 러시아에 잠들어 있는 환국桓國문화를 살펴보겠습니다.

알렉산드로 2세
Alexander II (1818–1881).

니콜라이 2세
Nicholas II (r. 1894–1917).

diers involved, only 27,000 survived.

In the nineteenth century, during the reign of Alexander II (r. 1855–1881), the number of unfree peasants who were born tethered to the estates of nobility constituted half of the country's population. These peasants, known as 'serfs,' had no incentive to work hard and suffered from poor living conditions. Due to violent uprisings and other factors, Alexander II was compelled to proclaim the emancipation of the poor, oppressed serfs. However, many peasants and radical intellectuals, who wanted the abolition of the monarchy, were not satisfied. The growth of radical political opposition ultimately led to the tsar's assassination in 1881. He was killed by bombs thrown by assassins.

The Russian monarchy ended in 1917 with the abdication of the last emperor, Nicholas II (1868–1918). The entire family of Nicholas Romanov were shot and bayoneted to death, allegedly at the command of Vladimir Lenin (1870–1924), the founder of the Soviet Union. This was perhaps Lenin's revenge for his elder brother, who had been excuted in 1887 for an attempted assassination of Alexander III (r. 1881–1894).

So far, we have examined a brief history of Russia. In Part 2, let us discover the traces of the Hwanguk civilization that remain in Russia.

알렉산드로 3세
Alexander III (r. 1881–1894).

제2부
러시아 대륙에 잠들어 있는 환국문화

인류 시원문명의 발원지, 환국

환국 이전에도 수만 년의 역사가 있었습니다. 알타이 산에는 2백 만 년, 1백 만 년 전의 유물이 나오고 있습니다. 유라시아 대륙에는 태고시대 문화 유적이 잘 보존되어 있습니다. 3만 년 전 프랑스의 쇼베 동굴 벽화, 여기에 대한 영화 한 편이 나온 적도 있는데 지금의 대가들이 그린 것과 똑같은 수준입니다.

러시아의 톰스크주에서 나온 1만5천 년 전의 골제단검, 또 여기 모스크바 인근에서 2만 8천~7천 년 전의 구슬로 장식된 유골도 발견됩니다. 또 3~2만 년 전, 러시아 말타 인근에서 나온 맘모스 상아로 만든 인형 작품도 있습니다.

프랑스 쇼베 동굴 벽화
(3만 2천 년 전)
Paintings from the
Chauvet Cave
dating back 32,000
years.

Chapter 2
Archaeological Evidence
of the Hwanguk Civilization in Russia

The Golden Age of Humankind

The Eurasian continent is extremely rich in historical patrimony, and a wealth of archaeological sites are distributed across it. Some of its prehistoric archaeological sites even predate Hwanguk by tens of thousands of years. The Altai Mountains, located in the center of Eurasia, have been home to humans since the early Pleistocene epoch, 2.6 million years ago. The Chauvet Cave in southeastern France contains the oldest human-painted rock art.

골제단검 (15,000–14,000 년 전, 러시아 톰스크주)

Bone daggers, dating to 15,000 years ago, from the Tomsk region.

Some of these paintings were crafted approximately 32,000 years ago. A 3-D documentary film about the cave, *Cave of Forgotten Dreams* (2010), provides a virtual tour. The paintings are so beautiful and remarkably realistic that they seem painted by masters of modern art.

Bone daggers unearthed from the Tomsk (Tomskaya) region, Russia, date back 15,000 years. In an Upper Paleolithic burial site at Sungir, located about two hundred kilometers east of Moscow, a skeleton of an adult male adorned with thousands of mammoth ivory beads was found. Female statuettes discovered at Mal'ta, near Lake Baikal, date back 20,000 to 30,000 years ago.

제가 **노보시비르스크 러시아 과학원, 시베리아 분원 박물관**을 답사해 사진을 찍어 왔는데 보통 **수만 년 전, 1만 년 전, 수천 년 전의 유물들**이 너무도 전시가 잘 되어 있습니다. 지금 **유라시아 대륙, 러시아** 큰 박물관에는 이런 **태고시대 문화 유적**이 잘 전시되어 있습니다. 여기에는 **옥 문화**도 있습니다.

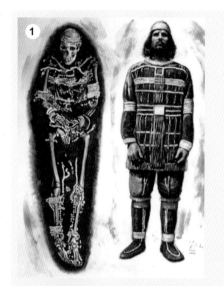

맘모스 상아구슬로 장식된 유골 (28,000–27,000년 전, 모스크바 국립 역사박물관)

An artist's rendition of the skeleton of an adult male found in a Sungir grave and the occupant during his lifetime. From 27,000 to 28,000 years ago.

노보시비르스크 러시아과학원 시베리아 분원 박물관
Museum of Archaeology and Ethnography of the Siberian Branch of the Russian Academy of Sciences. Novosibirsk.

What you are seeing on the screen are some of the photos [pictures 3-4] taken by our photographer during our research trip to the Museum of Archaeology and Ethnography of the Siberian Branch of the Russian Academy of Sciences (SDRAS) in Novosibirsk. Their collections of artifacts range from one thousand years ago to tens of thousands of years ago. They include a large collection of various jade objects.

맘모스 상아로 만든 인형 (30,000–20,000 년전, 카자흐스탄 국립중앙박물관)
Venus figurines discovered at an Upper Paleolithic Mal'ta village in Siberia, Russia.

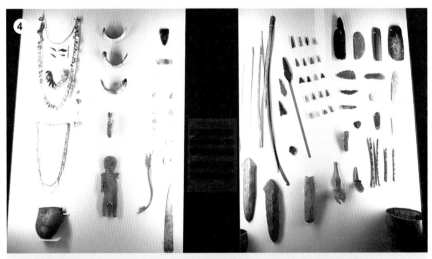

신석기관의 옥기玉器 (노보시비르스크 러시아과학원 시베리아 분원 박물관)
A collection of jade objects at the Museum of Archaeology and Ethnography of the Siberian Branch of the Russian Academy of Sciences.

〈자료영상〉「삼성기」하 낭독

인류지조　왈나반　　초여아만　　상우지처
人類之祖를 曰那般이시니 初與阿曼으로 相遇之處를

왈아이사비　　몽득천신지교　　이자성혼례
曰阿耳斯庀라. 夢得天神之教하사 而自成昏禮하시니

즉구환지족　개기후야
則九桓之族이 皆其後也라.

인류의 시조는 나반이시다. 나반께서 아만을 처음 만나신 곳은 아이사비이다. 두 분이 꿈에 상제님의 가르침을 받고 스스로 혼례를 올리시니 환족의 모든 족속이 그 후손이다.

석　유환국　　중　부차서언
昔에 有桓國하니 衆이 富且庶焉이라.

초　환인　거우천산　　득도장생　　거신무병
初에 桓仁이 居于天山하사 得道長生하사 舉身無病하시며

대천선화　　사인무병
代天宣化하사 使人無兵하시니

인개작력　　자무기한
人皆作力하야 自無飢寒이러라.

옛적에 환국이 있었다. 백성들은 풍요로웠고 인구도 많았다.

처음에 환인께서 천산에 머무시며 도를 깨쳐 장생하시니 몸에는 병이 없으셨다. 삼신상제님을 대행하여 널리 교화를 베풀어 사람들로 하여금 싸움이 없게 하셨다. 모두 힘을 합해 열심히 일하여 굶주림과 추위가 저절로 사라졌다.

전혁서환인 고시리환인 주우양환인 석제임환인
傳赫胥桓仁·古是利桓仁·朱于襄桓仁·釋提壬桓仁·

구을리환인　　지지위리환인　　혹왈단인
邱乙利桓仁하야 至智爲利桓仁하니 或曰檀仁이라.

초대 안파견 환인에서 2세 혁서 환인, 3세 고시리 환인, 4세 주우양 환인, 5세 석제임 환인, 6세 구을리 환인을 이어 7세 지위리 환인에 이르렀는데 환인을 단인檀仁이라고도 한다.

A Passage from Samseong Gi II

人類之祖를 曰那般이시니 初與阿曼으로 相遇之處를 曰阿耳斯庀라.
夢得天神之敎하사 而自成昏禮하시니 則九桓之族이 皆其後也라.

The ancestors of humanity were Naban and Aman, who met for the first time in Aisabi. After the Supreme Lord guided them in their dreams, they wed in a ceremony of marriage they conducted themselves. All the people of the nine Hwan clans were their descendants.

昔에 有桓國하니 衆이 富且庶焉이라.

初에 桓仁이 居于天山하사 得道長生하사 擧身無病하시며

代天宣化하사 使人無兵하시니 人皆作力하야 自無飢寒이러라.

The Hwanguk nation existed long ago. Its people were prosperous and their offspring thrived. Hwanin lived on Mt. Cheon in the beginning. He attained complete enlightenment and lived a long life. His body was free of illness. Hwanin spread teachings far and wide on behalf of the Supreme Lord, and there were no wars among the people. All people worked diligently and, naturally, none suffered from hunger or cold.

傳赫胥桓仁·古是利桓仁·朱于襄桓仁·釋提壬桓仁·

邱乙利桓仁하야 至智爲利桓仁하니 或曰檀仁이라.

The first sovereign was Hwanin Anpagyeon; the second, Hwanin Hyeokseo; the third, Hwanin Gosiri; the fourth, Hwanin Ju-uyang; the fifth, Hwanin Seokje-im; the sixth, Hwanin Gu-eulli; the seventh, Hwanin Jiwiri, who was also called 'Danin.'

고기 운 파내류지산하 유환인씨지국
古記에 云「波奈留之山下에 有桓仁氏之國하니
천해이동지지 역칭파내류지국
天海以東之地를 亦稱波奈留之國이라.
기지광 남북오만리 동서이만여리 총언환국
其地廣이 南北五萬里오 東西二萬餘里니 摠言桓國이오
분언즉비리국 양운국 구막한국 구다천국
分言則卑離國과 養雲國과 寇莫汗國과 勾茶川國과
일군국 우루국일운필나국 객현한국 구모액국
一羣國과 虞婁國一云畢那國과 客賢汗國과 勾牟額國과
매구여국일운직구다국 사납아국
賣勾餘國一云稷臼多國과 斯納阿國과
선패국일칭시위국혹운통고사국 수밀이국
鮮稗國一稱豕韋國或云通古斯國과 須密爾國이니
합십이국야 천해 금왈북해
合十二國也라. 天海는 今曰北海라.」
전칠세 역년 공삼천삼백일년
傳七世하야 歷年이 共三千三百一年이오
혹운육만삼천일백팔십이년 미지숙시
或云六萬三千一百八十二年이라 하니 未知孰是라.

「고기古記」에 다음과 같이 기록되어 있다. **파내류산 아래에 환인씨의 나라가 있으니 천해의 동쪽 땅을 또한 파내류국이라 한다. 그 땅의 넓이는 남북으로 5만 리오, 동서로 2만여 리니 통틀어 환국이라 하였다.** 이 환국은 다시 여러 나라로 구성되었는데 그 이름은 비리국, 양운국, 구막한국, 구다천국, 일군국, 우루국(일명 필나국), 객현한국, 구모액국, 매구여국(일명 직구다국), 사납아국, 선패국(일명 시위국 또는 통고사국), 수밀이국으로 **합하여 12국**이다. **천해는 지금의 북해**이다. **환국은 7세를 전하니 그 역년은 3,301년인데 혹자는 63,182년이라고도 하니 어느 것이 옳은지 알 수 없다.**

* * *

古記에 云「波奈留之山下에 有桓仁氏之國하니

天海以東之地를 亦稱波奈留之國이라.

其地廣이 南北五萬里오 東西二萬餘里니 惣言桓國이오

分言則卑離國과 養雲國과 寇莫汗國과 勾茶川國과

一羣國과 虞婁國一云畢那國과 客賢汗國과 勾牟額國과

賣勾餘國一云稷臼多國과 斯納阿國과

鮮稗國一稱豕韋國或云通古斯國과 須密爾國이니 合十二國也라.

天海는 今曰北海라.」

傳七世하야 歷年이 共三千三百一年이오

或云六萬三千一百八十二年이라 하니 未知孰是라.

Hwanin's nation lay below Mt. Panaeryu. The land east of Heavenly Lake was also called 'Panaeryu Nation.' Its territory stretched fifty thousand *ri* from north to south and more than twenty thousand *ri* from east to west. The entire land was called 'Hwanguk.' The Hwanguk nation comprised many separate states: Biri, Yang-un, Gumakhan, Gudacheon, Ilgun, Uru (also known as 'Pilla'), Gaekhyeonhan, Gumo-aek, Maeguyeo (also known as 'Jikguda'), Sanaba, Seonpae (also known as 'Siwi' or 'Tong-gosa'), and Sumiri. In all, there were twelve states. Heavenly Lake is the present-day North Lake.

Hwanguk spanned 3,301 years under the rule of seven sovereigns. Yet, other records suggest it spanned 63,182 years. It is not clear which is correct.

*   *   *

『환단고기』를 보면 지금 현대 문명의 직계 조상에 대한 재미나는 기록이 있습니다. 우리는 이 환국의 역사에서 놀라운 첫 소식을 들을 수 있습니다. 바로 오늘날 인류의 직계 조상, 인류문명의 첫 아버지 어머니, 나반과 아만에 대한 소식입니다. 이 두 분이 처음 만난 곳이 바이칼입니다. 『환단고기』에서는 '바이칼은 인간 생명이 처음 탄생하는 생명의 씨가 머무는 곳, 또는 인간이 탄생하는 지구 어머니 자궁이 아니겠는가'라고 해석하고 있습니다.

지구의 언어 가운데 어머니를 가리키는 말에 대개 'M'이 들어갑니다. 한국말을 보면 어머니 또는 엄마, 영어는 마더, 러시아로는 마찌라고 하죠. 그리스어도 미테라라고 합니다. 그러면 이 'M'은 무엇을 뜻하는 걸까요? 바로 물을 말합니다. 생명의 근원인 물, 물이 파도치는 모습을 본 떠 알파벳에서는 'M'이라고 합니다. 마더(엄마), 마운틴(산) 도 생명의 물결입니다. 그래서 생명과 평화를 본성으로 하는 말들 중에 'M'으로 시작하는 말이 꽤 있습니다. 우리들이 아주 기분이 좋을 때 콧소리를 내는 소리, 행복을 외치는 소리, 음~ 기분 좋은 신음소리도 'M'으로 표시합니다. 따라서 아버지와 어머니라고 하는 언어의 기원이 나반과 아만에서 오지 않았나 생각합니다. 언어학적으로 종합하고 분류해서 나반과 아만의 문화를 한번 정리해 볼 필요가 있습니다.

바이칼호 Lake Baikal.

What is truly fascinating about *Hwandan Gogi* is that it contains an account of the ancestors of all human races, who lived long before the Hwanguk era. According to the book, the ancestors of all living humans are Naban, the Father, and Aman, the Mother. The place where they first met was Aisabi. Aisabi is Lake Baikal, also known as 'Heavenly Lake' or 'North Lake.' *Samsin Oje Bongi* ("*Book of Samsin and Five Emperors*") of *Hwandan Gogi* speaks of the significance of Lake Baikal:

> Because the way of heaven begins its transformative movement at the North Pole, the water that Heaven One begat is known as 'North Lake.' This northernmost water is the sanctuary within which the seed of life resides.

It is perhaps not an unreasonable conjecture that the words referring to 'father' and 'mother' in many different languages actually derived from the names 'Naban' and 'Aman.' The words *ab*, *av*, or *abba*, which mean "father" in most Semitic languages, as well as the Korean words *abeoji* and *appa*, share some similar aspects with the name 'Naban.' Meanwhile, many languages use the sound represented by the letter *M* when they refer to the concept of 'mother.' In the Korean language, the words for 'mother' are pronounced *eomeoni* or *eomma*. The sound of the letter *M* is also used for 'mother' in English, *mat* or *mama* in Russian, and

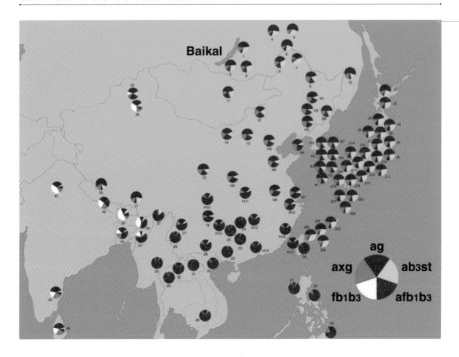

또한 나반과 아만에서 우리는 **7월 7일**의 문화를 볼 수 있습니다. 7
월 7일 나반과 아만이 바이칼을 건너 아이사비에서 만났습니다. 맑은 물
을 담은 청수를 놓고 온 우주의 통치자 하느님이신 삼신三神 하나님, 삼신
상제님께 배례拜禮를 하고 부부가 되었습니다. 이 바이칼에는 그런 깊은
의미가 있습니다.

일본 오사카 의과대학 **마쓰모토 히데오** 교수의 '**동아시아 유전자 분
포 지도**'를 보면, 바이칼을 중심으로 해서 한국과 일본, 브리야트, 중국
북부 쪽은 유전자가 거의 비슷하다고 합니다. 한민족의 근원도 바이칼에
매우 가깝다는 주장을 하고 있습니다.

이제 환국桓國이 어떤 지역에 있었는지 간단히 살펴보기로 하겠습니
다. **환국이라는 나라는 일곱 분의 통치자 환인桓仁에 의해서 다스려졌고 역
년은 전체 3,301년입니다.** 『환단고기』는 천산天山 동방에서부터 인류 태
고문명이 시작되었다고 합니다. 그런데 천산天山을 두 가지로 이야기하
는데 **하나는 지금의 중앙아시아 천산**을 말합니다. 이것은 중국 쪽에 자
리 잡고 있습니다. **다른 하나는 바이칼 오른쪽 부르칸 칼둔 산을 중심으로
한 천산天山입니다.**

동아시아인 Gm유전자 지도
(마쓰모토 히데오松本秀雄, 오
사카 의과대학 교수)

Distribution of the genetic
markers of immunoglobin
G in Asia. Image by
Matsumoto Hideo.

mana or *mitera* in Greek. Linguists say that the letter *M* was actually derived from the shape of a wave. What this *M* represents is water—the water that is the source of life. Other words that begin with the letter *M* include 'mountain.' Mountaintops take the shape of a wave. Many words that deal with life and peacefulness start with the letter *M*. When we are extremely pleased, we make the 'mmm' sound. In sum, I believe there is a need to apply a more thorough linguistic approach to investigating the names 'Naban' and 'Aman.'

Samsin Oje Bongi of *Hwandan Gogi* contains a more detailed account regarding Naban and Aman. According to the book, it was on the seventh day of the seventh month that Naban and Aman crossed Lake Baikal to finally meet each other at Aisabi. They conducted a ceremonial ritual to the Supreme Lord, described in the book as a triadic god, by making a water offering and paying homage to him with prostrations. Through this ceremony, they became a wedded couple.

In 2009, a study was conducted by Matsumoto Hideo, professor emeritus at Osaka Medical College, Japan, to investigate the distribution of genetic markers of immunoglobulin G among the Mongoloid populations of the world. This interesting study found that the populace of Korea originated most likely in the Baikal area of Siberia, as did the people of northern China, Buryatia, Japan, and others.

After the account of the marriage between Naban and Aman, *Hwandan Gogi* continues onward to assert, "The Hwanguk nation existed long ago." The book reveals that Hwanguk was an ancient empire ruled by seven emperors over a period of 3301 years. It says Hwanguk consisted of twelve substates near the Heavenly Mountain and that the center of this civilization was located in the area east of this mountain. Some scholars claim "Heavenly Mountain" refers to the Tianshan Mountains in Central Asia. But some

Two conjectured locations of the Heavenly Mountain.

환국의 12분국分國

Estimated locations of the twelve states of Hwanguk.

그래서 지금의 이 **바이칼을 중심으로 천산이 있었다**고 합니다. 이것 은 유동적이고 추정을 해서 그려 놓은 것입니다. 12환국 가운데 왼쪽 에 보면 수밀이국이 있습니다. 이 **수밀이국 사람들은 천산을 넘어가서 5~6천 년 전, 서양문명의 근원인 수메르 문명을 출발시킨** 것이 아닌가 추 정하고 있습니다.

프랑스의 루브르 박물관이나, 영국의 대영박물관이라든지 미국의 몇몇 유명 대학에서 **수메르 문명의 쐐기 문자**를 복원하고 있는데 그 문 자 수만 점을 분석한 내용 중 '**우리는 동방 하늘 산에서 넘어 왔다.**'는 기록이 있습니다. '**동방 하늘산에서, 천산天山에서 넘어왔다.**'는 것입니 다.

천산산맥
Tianshan Mountains

부르칸 칼둔산
Burkhan Khaldun

take Burkhan Khaldun, in the northeastern area of Lake Baikal, as the Heavenly Mountain.

What you are seeing on the screen [picture 2] are the estimated locations of the twelve states of Hwanguk, based on the theory that Lake Baikal was the original center of Hwanguk. Our hypothesis assumes that the people of Sumiri, the westernmost state of Hwanguk, traveled across the Tianshan Mountains and settled in the southern Mesopotamia region between the sixth and fifth millennium BCE, giving birth to the ancient civilization of Sumer.

A huge number of Sumerian cuneiform tablets have been excavated and are being translated and studied by experts in prestigious museums and colleges around the world. Some of the inscriptions they found provide a clue to identifying the first permanent settlers of Sumer, who seem to have appeared rather suddenly. The ancient Sumerians wrote on the clay tablets that they migrated to Sumer "from the region east of the Heavenly Mountain."

이 **천산, 바이칼을 중심으로** 해서 **주변에 12환국**이 있었습니다. '그것을 어떻게 믿을 수 있느냐?'라고 합니다. 우리가 쉽게 믿을 수도 없고, 안 믿을 수도 없는데 「**환국본기**」 또는 그 외에 『**환단고기**』의 몇 가지 기록을 보면 아주 재미있는 내용이 있습니다. 예를 들어 '**직구다국**이라는 나라가 어떤 **공격을 받아서 금악산, 지금의 알타이 산으로 옮겨 갔다**'라는 내용이 나옵니다. 정말로 아주 흥미진진한 기록이 아닐 수가 없습니다.

중요한 것은 이 **12환국**에서 **12라는 숫자**, 이것이 **고대 신화**에 나타납니다. **그리스 신화, 히타이트 민족의 신화** 그리고 **기독교 성서**에도 나옵니다. 기독교의 구약에서는 아브라함과 이삭 다음에 야곱에 의해서 **열두 지파**가 나옵니다. 원래 **12수는 하늘과 땅이 변화해 가는 시간의 순환질서를 상징**합니다. 과거에는 어머니 땅의 전체 구성 틀을 **12시간**으로 얘기했습니다. 지금은 그것을 나눠서 **하루를 24시간**으로 쓰고 있습니다. 그래서 11도 안 되고 13도 안 된다는 것입니다. 꼭 12라야 됩니다. 그래서 **12환국**의 내용도 매우 중요합니다. **동서고금의 신화라든지 사유 구조에도 12수**가 있는데 12수, 12나라가 나옵니다. 바로 **환국이 열두 나라**인 것입니다.

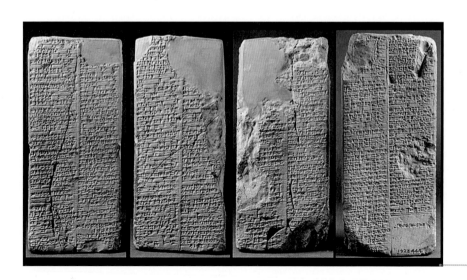

The fact that Hwanguk consisted of twelve states centered around the Lake Baikal may be too astonishing to believe. But the records in *Hwandan Gogi* are very specific. *Hwanguk Bongi* ("*Annals of Hwanguk*") of *Hwandan Gogi*, for example, contains an account regarding the state of Jikguda. It declares:

> The Jikguda State, also known as 'the Maeguyeo State,' was originally positioned near the Onon River, but it later relocated to the Altai Mountains after suffering a defeat by the Dongno State.

The twelve-state system of Hwanguk seems to reflect the duodecimal cosmological ideals its people held. Similar ideals must have been shared by the ancient Jewish people, because the Hebrew Bible tells the story of the twelve tribes of Israel, who were the descendants of the Jewish patriarch Jacob. The twelvefold pattern also appears in many other legends and myths, including the Olympian pantheon of twelve gods and goddesses and the Hittites' twelve gods of the underworld. The symbolism of the number twelve has its origin in the process of the sun's journey. This is why many ancient civilizations divided the day/night cycle into twelve two-hour periods.

수메르 점토판의 쐐기문자 분석 결과: "수메르인은 안샨(하늘산天山)을 넘어왔다"
Ancient Sumerian cuneiform tablets.

환국문화의 특성을 간단히 정리해 보겠습니다. 환국의 백성들은 오직 한 가지를 삶의 목표로 삼았습니다. 그것은 **광명**光明, **밝음**입니다. 그 **밝음, 광명**을 지금 한자 문화권에서는 **환**桓으로 말합니다. 우리가 밤에 보름달이 떠 있으면 '**낮처럼 환하다.**' 그리고 상대의 생활이 풍족해지고, 하는 일이 모두 잘 돌아갈 때 '자네 **신수가 훤하구만.**' 이런 말들을 일상적으로 쓰고 있습니다. 이 **환**桓은 **밝을 환**桓자입니다.

나라 이름이 한 글자, **환**桓입니다. 또한 **사람 마음도 본성이 환**桓입니다. 네 마음도, 내 마음도, 우리의 마음도, 대자연의 생명 본성도, 우리들 삶의 궁극 목적도 바로 **환**桓이라는 것입니다! 우리가 이 **밝음의 세계**, 원초적이며 근원적인 우주 생명의 실상 세계에 들어가지 못하는 한, 우리는 영원히 삶과 죽음에서 허덕이게 됩니다. 그래서 제가 '**역사는 삶과 죽음의 도**道다. **역사는 생사의 도**道다.'라고 하는 것을 러시아 땅에서 다시 한 번 절감하게 되었습니다.

환국시절에는 사람들이 **환인**桓仁의 가르침으로 '**환**桓'을 체득하는 삶을 가장 영광스런 삶의 목적으로 삼았습니다. 그래서 '**인개자호위환**人皆自號爲桓.' 사람들이 저마다 '**나는 환**桓**이 되었다, 나는 밝은 사람이 되었노라.**'고 했다고 합니다. 그래서 **동서 인류문화의 고향인 환국 문명**, 그때를 **황금시절**이라 합니다. 그 황금시절은 '**하늘의 광명과 내가 하나가 되어, 하늘과 하나 된 인간의 삶을 산 고도의 영성문화 시대**였다.' 한마디로 '**천지광명**天地光明 **문화시대**였다.' 이렇게 이야기하고 있습니다.

Through *Hwandan Gogi*, we can gain a more comprehensive understanding about the life of Hwanguk's people. First of all, the era of Hwanguk was a period when the people's aim in life was to realize the effulgence of God within. The divine light, represented by the character 桓 (*hwan*), became a part of the name of this realm. Today, the Korean word *hwan* is often used in everyday phrases to describe the resplendence of an object, such as the sun or the moon, or to describe a person's high achievements in life or excellence in appearance.

Every one of us has within us the light, splendor, or resplendence of the Supreme Lord, who illumines the whole universe. All our searches for the true meaning of life ultimately lead to one answer: "We must restore the divine resplendence within." The people of Hwanguk knew the timeless truth that unless they entered the realm of *hwan*—the indestructible, imperishable, immortal, infinite, and eternal reality—beyond the world of matter, which is transient and subject to decay, they would lead a useless life wandering forever in the endless struggle between life (light) and death (darkness). In fact, the entire history of humankind since the dawn of time has merely been a struggle between life and death. My research trip to Russia this winter has been an opportunity for me to once again realize this truth.

The time of Hwanguk was an era marked by the people's spiritual aspirations. Each individual of the Hwanguk nation called themselves 'hwan' as a way to proudly declare, "I am illumination itself." They recognized the eternal, immanent divinity within themselves and surrendered to the infinite. The time in which they lived was the Golden Age of humankind. It was a period of peace and harmony when people were enlightened and had attained a communion with spirits and nature. Their inner light shining brightly, they merged themselves with the source of the divine effulgence: Father Heaven and Mother Earth.

그럼 이 밝은 우주광명을 체득한, 깨달음을 얻은 사람들을 다스렸던 임금은 누구일까요? 그 임금님을 인仁으로 칭하는데, 인仁이라는 말이 천산을 타고 넘어가서 **수메르 문명의 왕도 인**이라 합니다. 이 언어는 **환국의 통치자 환인**桓仁의 인仁에서 나간 것입니다.

환국의 역사를 다스린 주인공 환인을 안파견이라고 했습니다. 안파견 安巴堅은 '**아버지의 도**道를 세웠다, 하늘 광명의 도道를 계승해서 곧 하늘 광명의 도道를 열어서 아버지의 도道를 세웠다.'는 뜻입니다. 그래서 '**계 천입부지명야**繼天立父之名也'라 했습니다. 수메르 말에서 안은 하늘, 파는 꼭대기, 견은 킨, **태양신**이자 **태양**이라는 뜻입니다. 그래서 수메르 어에서 **안파견**은 '**하늘 꼭대기의 태양과 같으신 분, 우리들의 머리가 되시는 분**'입니다. 그런데 중국 문헌에 보면, **요나라의 태조 야율아보기**耶律 阿保機도 '**안파견으로 불렀다**'는 기록(『**구오대사**舊五代史』)이 나옵니다.

환국의 시대는 무병장수 시대입니다. 이때 **일곱 분의 환인이 3,301년**을 다스렸습니다. **평균 470년을 통치**했다는 것인데 이것을 못 믿어 '『환단고기』는 조작된 책이다.'라고 말합니다. 그러나 **동양의 고전**이라든지, 서양의 **구약성경의 노아**라든지, 그 이전 역사를 보면 **5백 살, 몇 백 살을 살았다는 기록**이 있습니다.

Secondly, the emperor of Hwanguk was the father of the country and acted as the guardian of his people. While the people of Hwanguk called themselves 'hwan' ("light" or "illumination"), they called their emperor the 'hwanin,' a title composed of the words *hwan* and *in*. *In* was a word signifying "ruler." Interestingly, the Sumerian word *en*, which refers to their ruler, is pronounced exactly the same way as *in*. I believe the Sumerian word *en* evolved from the ancient Hwanguk word *in*.

Apart from 'hwanin,' there was another title for the ruler of Hwanguk: 'anpagyeon.' *Hwandan Gogi* explains the meaning of this ancient word. According to *Samsin Oje Bongi* ("*Book of Samsin and Five Emperors*") in *Hwandan Gogi*, 'anpagyeon' is a title for a patriarch who "establishes the Way of the Father by embodying the Way of Heaven." What is interesting is that the word *anpagyeon* in the Sumerian language conveys a similar meaning. The Sumerian word *an* means "heaven," *pa* means "head," and *kin* means "sun" or "the sun god." So, one can say that, even in the Sumerian language, *anpagyeon* suggests 'a person who, like the sun in heaven, is the head of all people.' Another interesting fact is that the word 'anpagyeon' also appears in the *Old History of the Five Dynasties* (*Jiu Wudaishi*), an official history of the Five Dynasties (907–960) compiled in the early Song period. According to the book, Yelü Abaoji (872–926), the Khitan leader and founder of the Liao Dynasty (907–926), was known by the title 'anpagyeon.'

Thirdly, another characteristic of the life of the Hwanguk people was longevity without disease. The people lived to a very old age while maintaining a youthful appearance. The fact that Hwanguk was ruled by seven emperors for a period of 3301 years means that each emperor ruled for 470 years on average. *Hwandan Gogi* is not the only literature to describe an era when people enjoyed long lifespans. For example, *The Yellow Emperor's Classic of Medicine*, known as the bible of the Eastern medicine, explains "…in the days of old, everyone lived one hundred years without showing the usual signs of aging." The Hebrew Bible and the Quran say the patriarch Noah lived to be 950 years old.

현재 전 세계에서 가장 장수하는 사람들이 사는 마을이 옛 소련 땅인 지금의 **그루지야(조지아)**에 있습니다. 조지아의 흑해 해변가 마을 사람들은 150살까지 삽니다. 인도계 미국 의사인 **디팍 초프라**가 그곳을 다녀와서 쓴 『에이지리스 바디, 타임리스 마인드』라는 책의 중간쯤을 넘어가면 이런 내용이 나와 있습니다.

그리고 **환국시대**는 **전쟁이 없는 평화의 시대**였습니다. 물론 지구 전역에 전쟁이 전혀 없었던 것은 아니지만, **환국에서 우주 광명의 도를 받은 백성들의 세계에서는 전쟁이 전혀 없었습니다.** 그리고 **지선**至善**의 황금시절 문화**를 보면, 사람들의 영혼 속에 맺혀있는 상처와 원한을 풀어주는 것을 미덕으로 삼았다는 기록이 있습니다.

환국문명에서 중요한 것은 **천제문화, 하늘에 제를 올리는 것**입니다. **천제**는 '하늘에 계신 천신께 제사를 올리는 의례'인데요, 그 제의를 주관하는 이를 하늘의 아들이자 천신의 대행자인 **천자**天子라 칭했습니다. 이 **천신숭배**의 숭고한 기록이 있습니다. 『환단고기』 원본을 보면 **강거천산**降居天山**하사 주제천신**主祭天神, 즉 '천산에 머무르시면서 천신(하늘의 하나님)에게 제祭를 올렸다.'고 합니다.

이 **천신**을 『환단고기』에서는 9천 년 역사문화의 전통 언어로 '상제님이다. 천상의 하나님이다.'고 합니다. **하나님의 본래 호칭**이 무엇인지 물으면 보통 우리는 GOD, 천주님, 천신 등의 말을 하지만, 이런 언어보다 더 오래된 원래 말이 있습니다. 갑골문에도 나오는 **천상의 하나님, 윗 상**上 **자, 하나님 제**帝 **자, '상제님, 삼신상제님'** 입니다. **삼신상제님께 천제를 올린 제천단**은 삼신의 덕성을 상징하는 **삼단의 원형제단**입니다. 그것이 바로 중국 네이멍구(내몽골 자치구)의 우하량 제2 지점에서 발굴된 원형 **삼단의 제천단**입니다. 그것과 같은 것이 5천여 년 전, 이 러시아 땅에도 있었습니다.

Even today, people in some parts of the world enjoy far greater longevity than others. The place that has the longest living people in the world is Abkhazia in the South Caucasus. I remember reading about this place in the book *Ageless Body, Timeless Mind* written by Deepak Chopra, an Indian-American expert on integrative medicine.

Fourth, the Golden Age of Hwanguk was a time of peace and prosperity without war or crime. I am not saying that there were no wars in the whole world, but the lands within Hwanguk's sphere of influence did not experience war. You can glimpse the nature of ancient life in Hwanguk via *Hwanguk Bongi* ("*Annals of Hwanguk*") of *Hwandan Gogi*, which states:

> ... the people instinctually lived in harmony and righteousness, though there were no laws or decrees. Hwanin healed the sick and resolved bitterness and grief. He aided the injured and supported the weak.

Fifth, performing religious rituals was an integral part of ancient Hwanguk culture. Prayer and offerings were provided to the Supreme Lord in Heaven, and the emperor who presided over these rituals was revered as divine, being regarded as the 'Son of God.' *Hwanguk Bongi* of *Hwandan Gogi* states: "Hwanin descended to the Heavenly Mountain, where he dwelled and presided over offering rituals to the Supreme Being in Heaven."

In other parts of *Hwandan Gogi* appears the ancient Korean title used to refer to this supreme being in heaven. This title is 'Sangje,' composed of the characters 上 (*sang*), which means the "highest," and 帝 (*je*), which means "god." The word 'Sangje' has been used since nine thousand years ago, and it appears in the earliest known *hanja* writings inscribed on oracle bones, dated to the late second millennium BCE. *Hwandan Gogi* contains the information that Sangje is a single deity who manifests as three deities in terms of its functions, and thus he was also called 'Samsin' ("Triune God"). It was perhaps for this reason that five thousand years ago the ancient people of Niuheliang and the Northern Black Sea region erected huge three-tier constructions for offerings and worship.

환국문명에는 **하늘의 광명, 신神의 마음, 신神의 영원한 생명성**을 상징하는 **옥玉문화**가 있습니다. **광명문화의 소중한 상징**을 나타내기 위해 **옥으로 만든 용**이라든지, **봉황**이라든지, 또는 **옥으로 만든 생활 도구**가 많이 발견됩니다. 압록강 저 왼쪽의 **수암옥과 그 주변 여러 곳**에서 옥들이 나오고 있습니다. **이르쿠츠크 박물관**에도 **옥 유물**들이 있습니다.

홍산문화의 용봉龍鳳 옥기
A C-shaped jade dragon (left) and a jade phoenix (right). Hongshan Culture (c. 3500-2000 BCE).

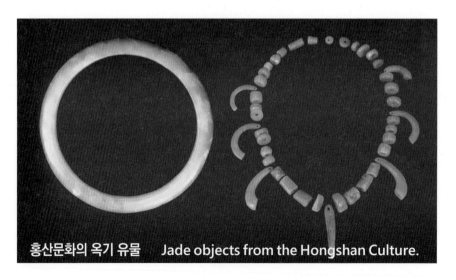

홍산문화의 옥기 유물 Jade objects from the Hongshan Culture.

Sixth, the Hwanguk period is characterized by the extensive use of jade artifacts. With its subtle and translucent color, jade has long been considered a symbol of heaven, divine luminosity, the soul, and immortality. The people of Hwanguk crafted jade into ceremonial objects. Countless jade ornaments, including those in the shapes of sacred animals like the dragon and the phoenix, have been unearthed across the Eurasian continent. Many of them were crafted with jade produced in Xiuyan, a county west of the Amnok River on the present border between North Korea and China. A large collection of jade items is on display at the Irkutsk Museum of Regional Studies.

옥기 (이르쿠츠크 민속박물관)

Jade objects on display at the Irkutsk Museum of Regional Studies.

러시아에 살아 있는 환국문화의 인류 실제 원형문화 신교神敎문화. 인류 최초의 종교. 인류 모든 동서고금 문화의 모체, 문화의 근원, 문화의 영원한 원상原象, 바로 이 **신교神敎를 이해할 수 있는 경전**이 있습니다. 바로 『천부경』입니다. 이것은 **인류 최초의 경전입니다.** 천부경天符經은 **천상의 진리 부호**로 구성되어 있는데, 어려운 게 아니고 어린아이까지도 이해할 수 있는 **숫자**로 적혀있습니다.

1만 년 전, 환국시대에 살던 사람들의 삶의 소중한 가치는 무엇이었을까요? 『환단고기』에 보면 '**개처중지법**盖處衆之法이 **무비유환**無備有患이오 **유비무환**有備無患이니'(「환국본기」)라는 구절이 나옵니다. **유비무환, 우리가 준비되어 있으면 걱정할 것이 없다!** 제가 이걸 보고 깜짝 놀라는 것과 동시에 큰 기운을 받았습니다. 그 시대 사람들은 이런 **경건주의로 깨어 있었다는 것입니다.** '언제 어디서나 깨어 있다!' 이것이 **아버지 안파견 환인의 국가통치 이념입니다.** 여기서 우리들이 어떤 인간이 되어야 하는지 **인간주의의 궁극적인 가치관**이 나옵니다. 이것은 잠시 후 결론에서 살펴보겠습니다.

The seventh representative feature of Hwanguk is that its people established and governed their nation based upon the divine laws of the cosmos, the knowledge of which they obtained through divine revelation. Hwanguk was the home of the world's oldest religion, from which sprang other religious beliefs. We call this original religion 'Singyo' ("Spirit Teaching") and call the Hwanguk people's sacred text *Cheonbu Gyeong* (*"The Scripture of Heavenly Code"*). The world's oldest known scripture, *Cheonbu Gyeong* is a numerical representation of the laws of the cosmos.

The last point I would like to make regarding life in Hwanguk can be summarized by a passage from *Hwanguk Bongi* of *Hwandan Gogi*. This passage, which explains the way the emperors of Hwanguk ruled their nation, declares, "In governing a nation, a lack of preparation leads to misfortune, whereas careful preparation prevents misfortune." This is an inspirational observation that refreshed and renewed me in so many ways. It may remind you of the English saying "An ounce of prevention is worth a pound of cure." This passage explains that the rulers of Hwanguk strived to stay vigilant and be fully prepared when governing their people. It means that these pious rulers placed great value on being mindful and attentive, remaining always firmly in the present. The emperors of Hwanguk edified their people using their great spirituality.

천부경

Cheonbu Gyeong ("The Scripture of Heavenly Code"), composed of eighty-one characters, is an ancient Korean spiritual text dating back nine thousand years.

환국 말기인 6천여 년 전, 지구 환경의 변화로 인류의 황금시절이 막을 내리고 세계 문명이 나비의 두 날개처럼 동서로 분화되었습니다. 중앙아시아의 **천산**을 넘어 서쪽으로 이동해 지금의 **이라크** 남부로 간 **수밀이국** 사람들이 세운 **수메르 문명**, 거기서 아브라함이 나왔고, **아브라함**이 수메르(우르)에서 이스라엘 땅으로 들어가는 것이 기독교 구약의 역사입니다. 그리고 **초대 환웅천황**이 환국에서 아버지 환인의 명을 받고 천산에서 **동쪽으로 이동**해 지금의 **백두산(태백산)으로 와서 신시 배달국**을 열었습니다. 1세 커발환 환웅, 2세 거불리 환웅으로 해서 **열여덟 분의 환웅천왕이 1,565년 동안 통치**했습니다. 배달이라는 말은 음식을 배달한다는 배달이 아니고 **밝은 땅, 배달**倍達이라는 나라가 있었다는 것입니다.

Hwanguk was the earliest human civilization whose influence extended across all the world. After the fall of the 'Golden Age' of Hwanguk, its imperial heritage was inherited by its two direct successor states: Baedal and Sumer. The geographic locations of these civilizations are symmetrical, like the two wings of a butterfly, with Hwanguk as the center of the symmetry. About six thousand years ago, probably due to drastic climate change, the people of Hwanguk began to migrate eastward and westward to establish new civilizations. The refugees of the Sumiri State, one of the twelve substates of Hwanguk, journeyed to the west, crossed the Heavenly Mountain, and eventually settled in Mesopotamia, in the area of modern Iraq. This was Sumer. It was actually in one of the Sumerian cities, Ur of the Chaldeans, that Abraham, the first patriarch of the Jewish people, was born. Abraham's journey from his birthplace in Mesopotamia to the Land of Israel, the land promised by God as part of his covenant, marked the beginning of the Judeo-Christian religions, which shaped Western civilization. Another group of people migrated to the east and settled near Mt. Baekdu, a high mountain located on the present-day North Korean–Chinese border. These people were led by Hwanung, the son of the Hwanguk's last emperor. This was the foundation of Baedal (literally "Bright Land," 3897–2333 BCE), which was ruled by eighteen emperors over a span of 1,565 years.

Baedal and Sumer, the successor states of Hwanguk, became the cradles of Eastern and Western civilizations respectively.

그리고 **환국, 배달**을 근거로 해서 **단군조선**이 나왔습니다. 단군조선이 어디서 왔는가? 출처가 있어야 될 것 아닙니까? 그 **뿌리가 바로 환국, 배달**이라는 것입니다. 앞서 러시아의 부찐 박사가 말한 바와 같이, '아시아에서 단군조선을 빼면 실제 역사를 설명할 수 있는 부분이 많이 없어진다.'고 한 것처럼 단군조선은 대국이었습니다. 단군조선은 그 당시 나라를 셋으로 나누어 다스렸는데 이것이 논쟁의 핵심입니다. 단재 신채호라는 분이 **중국 만주, 지금의 북경** 등을 현지답사하고 '단군조선은 나라를 셋으로 나누어 다스렸다.'라고 했는데, 그것이 **북삼한설**北三韓說입니다. 그리고 **단군조선의 북쪽 삼한, 대륙삼한**이 망하고 나서 이 사람들이 내려와서 **한강 이남에서 남삼한**南三韓을 세웁니다. **경주** 쪽에 세운 **진한**이 나중에 **신라**新羅가 되고, **김해, 고령** 쪽의 번한이 **가야**伽倻가 되고, **영산강 위 아래와 지금의 수도 서울 아래 하남 위례성** 이쪽이 전부 **마한**입니다. 그것이 나중에 **백제**百濟가 되는 거죠.

단군왕검의 국가 경영 기본 시스템
나라를 셋으로 나눠 통치한 삼한관경제

Joseon (2333–238 BCE) was a state formed by the union of three confederacies known as the 'Three Han States': Jinhan, Byeonhan, and Mahan.

After the collapse of Baedal, the legacy of Hwanguk was again carried onward—this time by Joseon, the *dangun's* nation. Joseon was such a powerful state in ancient East Asia that experts such as Dr. Yuri Butin contend that any study of Asian history cannot be complete if it omits Joseon. In fact, Joseon was an immense state formed by the union of three confederacies: Jinhan, Beonhan, and Mahan. This is why Joseon is also referred to as the 'Three Han States.' Its territories spanned a region from Liaoning to Beijing to Manchuria to the Korean Peninsula. Shin Chae-ho (1880–1936), a Korean scholar and historian, after extensive research, confirmed this fact and named these confederacies the 'Former Three Han States'* to distinguish them from the 'Later Three Han States.' The 'Later Three Han States' refers to the three confederacies with the same names—Jinhan, Beonhan, and Mahan—established in the central and southern Korean Peninsula following the fall of Joseon. They existed there until they were absorbed into the Silla, Gaya, and Baekje kingdoms in approximately the fourth century CE.**

한강
Han River

남삼한
Later Three Han States

Mahan
마한

Jinhan
진한

변한
Byeonhan

The 'Later Three Han States' must be distinguished from the 'Former Three Han States.'

* Other names referring to these three confederacies include: 'Former Three Han States,' 'Former Samhan,' 'Former Three Joseon States,' and 'Northern Three Han States.'
** Jinhan existed in the southern Korean Peninsula, centered around present-day Gyeongju, and was later absorbed by Silla. Beonhan occupied the area that now includes Gimhae and Goryeong and was later annexed by Gaya. Mahan, located in what is now the Chungcheong and Jeolla provinces, spanning the area from the Yeongsan River to Seoul, was eventually merged into Baekje.

환국 이래 지구촌 보편문화의 **표지**로서 **거석문화**가 있습니다. 러시아에도 놀라운 거석문화가 있는데 **러시아의 스톤헨지**라고 하는 **아르카임**이 있습니다. 환국의 문명 정신을 **계승**했다고 볼 수밖에 없는 그 유명한 아르카임입니다.

1987년 러시아 중심부 왼쪽에 위치한 **남부 우랄지역**에서 초등학생 두 명이 '여기 이상한 게 있어요.'라며 신고를 했고 체리야빈스카야 과학자들이 발굴 조사를 했습니다. **3,600년 전, 지구촌 원형문화의 양식을 보여주는 아르카임**이 이렇게 발굴되었다고 합니다. **세로 400km, 가로 150km**에 이르는 넓은 지역이죠. 그 주변으로 **20여 개의 유사하게 생긴 신성한 건축물**들이 같이 발굴되었습니다.

아르카임 문화는 『환단고기』로만 해석할 수 있습니다. 환단고기의 원형 역사관, 원형 문화 정신이 아니면 제대로 해석할 수가 없습니다. 아르카임은 러시아 황금시절의 자연관, 인간관, 신관 등의 문화정신이 융합된 건축 양식으로 지어졌습니다.

Moscow
모스크바

우랄산맥
Ural Mountains

아르카임
Arkaim

3,600년 전 지구촌 원형문화의 양식을 보여줌

Arkaim was an ancient fortified settlement dating back approximately 3,600 years.

영국 스톤헨지
Stonehenge in England. Believed to be constructed approximately 3000 BCE to 2000 BCE.

The cultural values and heritage of Hwanguk were not conveyed only to Baedal, Sumer, and Joseon. An ancient wonder discovered on the Russian steppes also demonstrates characteristics of Hwanguk's culture. This ancient wonder is Arkaim, which experts call the 'Russian Stonehenge.'

A fortified citadel, Arkaim was first discovered in 1987 by two students. While working for a team of archaeologists from Chelyabinsk State University during an expedition to the Southern Ural region, the students found some unusual embankments and reported them to the team. This site turned out to be an ancient fortified settlement dating back approximately 3,600 years. Subsequent to this excavation, more than twenty other fortified settlements were discovered in the vicinity. This so-called 'Land of Cities' spans a large area that runs 400 kilometers (248 miles) from north to south and 150 kilometers (93 miles) from east to west.

These settlements are believed to have been established by members of an advanced culture, the identity of whom we do not yet know. While this prehistoric site still remains shrouded in mystery, the clue to solving this puzzle is actually found in *Hwandan Gogi*. Examining the remains of Arkaim, one cannot help but admit that this ancient society preserved the cultural heritage of the Hwanguk described in *Hwandan Gogi*.

아르카임 전경
Aerial view of the Arkaim site.

아르카라는 말은 '하늘'을 뜻하고 임은 '땅'을 뜻합니다. 그래서 아르카임은 하늘땅입니다. 하늘과 땅과 하나가 되는 성전, 말할 수 없는 신비로운 고대 태고문화의 성전이 아르카임입니다. 천지부모, 곧 하늘 아버지와 땅 어머니와 하나 되는 성전聖殿입니다. 이것은 그 실체가 무엇인지 알 수 없는 태고시대 유적입니다. 약 4천 년 전 또는 그 이전부터 내려온 것으로 보입니다. 환국 때부터 내려온 신성한 사람들, 지혜가 아주 높은 사람들의 영성을 전수받은 이들이 그들의 전통을 러시아 땅에서 지켜내기 위해서 천원지방天圓地方의 양식을 만들었던 것입니다.

아르카임은 중앙에 사각형 광장을 중심으로 해서 원형으로 되어 있습니다. 그리고 동서남북 네 곳으로 통로가 나와 있고 중앙에는 구멍이 뚫려 있습니다. 하늘과 땅, 인간이 한마음으로 소통하는 중심축이었던 것입니다. 『환단고기』와 동북아 한자 문화권에서는 이것이 신단수神壇樹를 상징합니다. 신단수는 우주나무인데 바로 신神이 내려오는 통로입니다. 이런 건축양식이 천지부모 사상의 천원지방天圓地方입니다. 환국 시대의 문화 정신을 그대로 담고 있는 것입니다.

천원지방은 '아버지 하늘은 둥글고, 어머니 땅은 방정하다, 반듯하다.'는 뜻입니다. 하늘 아버지, 하늘의 본성이라는 것은 원만하고 원융무애圓融無礙합니다. 모든 걸 감싸 안습니다. 하늘 아래 우주만유는 하나입니다. 한마음이며 한 생명체입니다. 이것이 매우 중요합니다.

North 북
East 동
West 서
South 남

아르카임은 환국시대의 문화정신인
천원지방 양식으로 건축됨

To start with, the name 'Arkaim' itself suggests its connection to Hwanguk. According to linguists, *ar-ka* means "sky" and *im* means "earth." It seems the settlers of Arkaim named the sanctuary in honor of the long-lasting traditions of Hwanguk, which were characterized by the worship of heaven and earth. Arkaim was a sanctuary where people entered into a unity with the divine: Father Heaven and Mother Earth. It was built by sages with profound wisdom, who probably migrated from Hwanguk to that region four thousand years ago or even earlier.

The structure of Arkaim was circular, and at its center was a rectangular open space. The complex had four entrances oriented towards the cardinal points. Experts presume that in the central square stood a pillar-altar, which must have been destroyed over the centuries. The central pillar-altar probably served as a symbol of the pole or axis around which the world rotates and which connected heaven, earth, and humanity into one mind. Often dubbed the 'cosmic axis,' or the 'world pillar,' or known by the Latin term 'axis mundi,' it was considered to be the path to the heavenly realms. In ancient East Asia, according to *Hwandan Gogi*, it was most frequently the 'world tree' or the 'altar tree' that people regarded as the symbol of the sacred axis.

Built in the shape of concentric circles surrounding a square, Arkaim embodies Hwanguk's cosmological idea of 'heavenly sphere and earthly cube.' The ancients observed that heaven is round and the earth is square. While a circle symbolizes wholeness and all-inclusive harmony, a square, with its perfect straight lines and right angles, represents the notions of orderliness and principles. "Heaven is round." This ancient cosmological ideal reminds us once again that all of us are one and indivisible—that we are all part of one interconnected whole.

Arkaim embodies Hwanguk's cosmological idea of 'heavenly sphere and earthly cube.'

환국의 인류 원형문화, 신교

환국의 문화사상을 한마디로 **신교**神敎라고 합니다. **신교**는 문자 그대로 **신**神**의 가르침**입니다. 신神의 가르침을 받을 수 있을 만큼 **밝은 마음**을 가졌다는 말입니다. 신교는 신神의 가르침을 받아서 사물을 보고, 행동하고, 판단해서 문화를 만들어나가는 것입니다. 신교는 인류의 원형문화이며 인류 최초의 종교입니다. 인류 영성문화의 근원입니다. 우리가 신교를 제대로 알 때, 러시아에 잠들어 있는 시원문화, 황금시절의 태고문화를 바르게 해석할 수 있습니다.

신교문화에 대해서 한국에서도 한 10여 년 전에 번역이 됐는데, **아리엘 골란**이라는 분이 **동서고금의 문화 상징**을 다 모아서 방대한 책을 냈습니다. 이분이 책 속에서 이런 이야기를 하고 있습니다.

> **"아주 오래 전에 잊힌 종교**가 있다. 그 종교는 **2~3만 년 전**에 형성되기 시작해서 **1만 년에서 4천 년 전**, 동남유럽과 근동에 거주하던 **신석기 초기 농경민족**들 사이에서 **전성기**를 누렸다."

이 러시아의 대학자가 **전 지구촌에 산재되어 있는 문화 상징, 인지**認知 **고고학적으로 문화 상징성**을 다 모아서 해석을 해놓았습니다. 여기에서 하늘, 별, 태양 등등으로 범주를 나누어 놨습니다.

The Forgotten Religion of the Ancients

The spiritual practices of the people of Hwanguk, which influenced various cultures across the world, are known as 'Singyo' in Korean. The word can be translated as "Spirit Teaching" or "Teachings from God." Singyo was the world's earliest religion and the most important force in shaping the world's first civilization. The people of Hwanguk, who expressed their original qualities of purity and illumination, freely accessed the spirit world. They established their civilization through divine guidance that had been revealed to them. This is an essential idea to keep in mind when interpreting the archaeological evidence of Hwanguk in Russia.

There is a fascinating book which provides a glimpse of Singyo. It is *Myth and Symbol: Symbolism in Prehistoric Religions*, written in 1991 by a Russia-trained author, Ariel Golan. After examining various symbols found in prehistoric designs dating back to the Paleolithic period, he said:

> By deciphering these symbols, it has become possible to reconstruct a forgotten religion, which first took shape during the Upper Paleolithic period (about twelve to thirty thousand years ago) and reached its highest development among Neolithic farming tribes of southeastern Europe and western Asia during the eighth to fourth millennia before the current era. The corresponding religious beliefs and the related symbolism spread from this region to areas inhabited by other peoples and sometimes even reached the Far East, Equatorial Africa, and pre-Columbian America.

What you are seeing in the slides behind me [p. 148–149 pictures] are some of the examples of more than two dozen symbols the author found across Eurasia. The book contains many astonishing decipherments of these prehistoric designs, some of which are schematic (e.g., bull's heads, birds, and hands) and others abstract (e.g., crosses, spirals, and stars).

　인류가 지금은 잊어버리고 있지만, 가톨릭, 기독교, 불교, 이슬람
교, 유교, 도교 이런 종교 이전에 **7천 년, 1만 년, 2만 년 전에 인류 문화
의 원형, 문화의 원형 정신이 존재한 것을 밝힌 것입니다.** 이것이 바로
**신교입니다. 신교는 인류 문화의 원형 정신입니다. 원형을 안다는 것은
인간의 자기 회복, 인간사의 고난과 장애를 극복할 수 있는 원천적인 문화
의 동력원을 얻는 것**이라고 할 수 있습니다.

　동방에서는 신을 그냥 일신이라고 하지 않고, **삼신三神**이라고 합니
다. **신이 곧 삼신이며 신은 삼신으로 존재합니다.** 그런데 왜 **신神** 앞에다
삼三을 넣어서 **삼신**이라고 하는 걸까요? 그것은 **신의 본래 속성이 세
가지가 있다는 것입니다.** 신은 **첫째로 만물을 낳는 본성이 있고, 둘째로
기르는 본성이 있고, 셋째로 다스리는 본성이 있습니다.** 이것이 바로 **조
화, 교화, 치화입니다. 조교치造敎治. 낳고, 기르고, 다스리는 신의 3대 본
성입니다. 낳는 본성인 조화는 하늘 아버지가 맡고, 기르는 본성은 어머
니 땅이 맡고, 다스리는 것은 인간이 전적으로 행사하는 것입니다.**

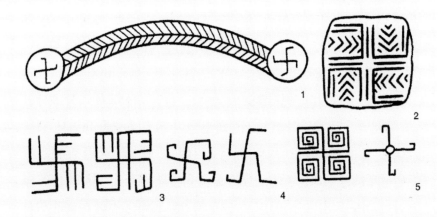

『선사시대가 남긴 세계의 모든 문양』
Symbols dating back to the Paleolithic period.
From the book *Myth and Symbol: Symbolism in Prehistoric Religions*.

The author contends there was a "forgotten religion" dating back from ten thousand to twenty thousand years ago which predated the religions we now know, such as Hinduism, Judaism, Buddhism, Christianity, and Islam. This "forgotten religion" was Singyo, the origin of all religious beliefs and practices. Modern states around the globe share it as an inherent part of their identity. This is a very important fact we must keep in mind because understanding our history helps our personal growth and well-being and helps us connect with each other. Through connecting with one's ancestors and cultural history, one can become empowered to remove any obstacles in their path, making fundamental changes in life.

There is one very important aspect of Singyo that deserves special acknowledgment. In Singyo's spiritual tradition, the supreme deity is portrayed as tripartite. The Korean name of this deity is 'Samsin,' the literal translation of which is "Triune God." The three titles of Samsin are the Creator, the Preserver, and the Ruler. Samsin is a threefold unity of the Father, the Mother, and the Successor. It consists of: Father Heaven who creates; Mother Earth who nurtures; and humanity, their children, who govern.

자, 다시 한 번 정리해 보겠습니다. **삼신**三神**은 무형이지만 그 신이 자기를 이 현실세계에 드러낸 것, 신의 자기현현**自己現現**, 그것이 하늘과 땅과 인간이라는 말입니다. 하늘과 땅과 인간은 살아있는 삼신의 모습입니다. 살아있는 조물주의 모습입니다. 인간은 하늘을 아버지로 삼고, 땅을 어머니로 삼습니다. 천지부모 사상이죠. 동양 사상에서 가장 중대한 핵심, 동서의 모든 종교와 동서 사상의 원형이 바로 하늘을 아버지, 땅을 어머니로 삼는 천지부모**天地父母**사상입니다.** 그럼 인간이란 무엇인가요? **인간에 대한 정의**는 바로 **천지부모의 아들과 딸로서, 천지의 꿈과 이상을 완성하는 자입니다. 그리고 신이 자기를 드러낸 것이 하늘과 땅과 인간이기 때문에 인간은 결코 단순한 피조물이 될 수 없습니다!** 이것이 신의 존재에 대한 기본 논리입니다. **신이 존재하는 기본 논리**가 바로 '하늘과 땅과 인간은 신의 자기현현이다, 자기 존재의 표현이다.'입니다. 그래서 **인간은 피조물이 아닌 삼신의 신격과 신성과 권위의 범주 안에서 존재합니다.** 이것이 될 때, **진정한 인간 회복이 이루어질 수 있습니다.**

러시아에 살아있는 삼신과 칠성 문화를 한 번 살펴보겠습니다. 저는 여기 러시아 문화에서 재미있는 모습들을 봤습니다. **신이 세 얼굴로 표현되어 있습니다. 페룬이 세 얼굴로 되어 있습니다. 독일의 유명한 페르가몬 박물관에도 가보면 세 얼굴을 한 신의 형상을 볼 수 있습니다.** 아마 누구라도 거기 가서 보면 깜짝 놀랄 것입니다. 그 모습이 러시아에도 있다는 말입니다. **삼신으로 표현된 페룬 신목**神木**이라든지, 세르게(서낭당)를 세 번 돌면서 기도하고 고수레를** 지내는 문화도 있습니다.

세 얼굴로 표현된 페룬Perun 신목

To reiterate, it is the invisible and limitless energy of Triune God that creates and perpetuates the visible order of the universe. According to East Asian tradition, heaven, earth, and humanity are the three symbols that represent the perceptible order of the universe. Heaven, earth, and humanity are like mirrors that reflect the attributes of God onto this material world. People have long believed that Mother Earth and Father Heaven are the Creators of all life. The concept of 'Father Heaven and Mother Earth' is at the heart of not only East Asian traditions but most ancient spiritual traditions around the globe. It has been believed that the role of humans is to create physical manifestations of their Parents' intentions. We are the divine trinity in human form. We are born to bring to life the divine intentions of our Parents, Father Heaven and Mother Earth. We need to recover our status as divine sons and daughters of God.

Hwanguk's worship of a triune god is connected to the three-headed deity in traditional Slavic beliefs. Consider this photo taken at the Slavic temple of Perun on the Hill of Lissy, Kiev [p. 150 picture]. Perun, one of the most important gods in Slavic mythology, is depicted as having three faces. If you go to Berlin, visit Pergamon Museum. You will be astonished to discover there a similar-looking statue of a three-headed deity. Also interesting are the traditional ritual offerings of the Buryats and Yakuts. These traditions feature spinning around *serges* (poles) three times as a form of prayer and throwing three small morsels of food into the air in gratitude.

Wooden statue of the three-headed Slavic god Perun in Kiev, Ukraine.

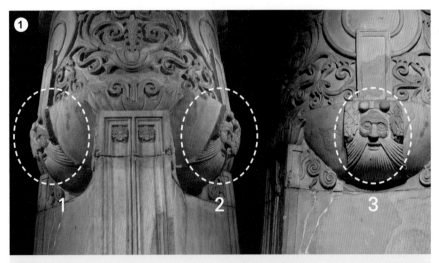

페르가몬박물관의 세 얼굴 부조상은 삼수三數 문화를 보여준다.
A tripod monument in the Pergamon Museum, with three faces carved on it (one on each side).

제가 키예프를 답사했을 때 보았던 신목입니다. 기독교가 들어오기 전에 세워진 **원형 신전**神殿이 그 바로 뒤에 있습니다. 그 신전에서 약 10미터 뒤에 이 **삼단으로 구성된 신목**이 있습니다. 이 신목을 보면 **위에는 천계, 중간에는 인간세계, 아래는 하계, 지하계**로 되어 있습니다. 제일 위에 **아버지 신**이 있습니다. **하나님 아버지 신을 형상화**한 것입니다. 그 아래에는 바로 **삼신의 조화세계**를 말하는 **삼태극**三太極으로 된 기단이 있는데, 그 뒷모습에는 **어머니 신**이 있습니다. **말을 타고 있죠.**

삼단으로 구성된 신목 (우크라이나 키예프)
A wooden sculpture depicting Father Heaven and Mother Earth stands on Starokyivska Hill in Kiev, Ukraine.

세르게 신앙: 세 번 돌면서 기도와 고시레를 올린다
A series of *serge*s at Shamanka on Olkhon Island in Lake Baikal.

The next slide [picture 3] shows a carved wooden column standing near the previously mentioned ancient sanctuary considered to be Kievan Rus's place of origin on Starokievska Hill. It is right behind the sanctuary, located about ten meters (thirty-three feet) away. But it is easy to miss if you are not looking for it. The pole has three sections. The top of the pole represents the heavenly realm; the center, the human realm; and the bottom, the underworld. On the very top is carved the face of the Sky Father (or Father Heaven). And the shape of the stereobate at the bottom is a set of three comma-like swirl symbols, known as '*samtaegeuk*' in Korean. This symbol expresses the Triune God's creating and transforming power. On the reverse side, there is a depiction of Mother Earth on horseback.

키예프 삼단 신목의 뒷면
The reverse side of the sculpture on Starokyivska Hill.

Horse **5**   말

Mother Earth **6**   어머니신

동슬라브족의 일곱 주신을 형상화한 석상 (모스크바 국립역사박물관)
A column depicting the seven Slavic deities. State Historical Museum, Moscow.

어린이
Children

신교는 두 가지 문화코드로 나뉩니다. 하나는 **삼신三神 문화**이고, 다른 하나는 **칠성七星 문화**입니다. 여기서 칠성은 **북녘 하늘에 있는 일곱 개 별, 북두칠성**을 뜻합니다. 이 **삼신과 칠성 문화**가 **인류 문명을 만든, 인류의 모든 종교를 탄생시킨 깨달음 문화의 근원**입니다. 이 문제는 너무 중요하기 때문에 우리가 언제 어디서 어떤 학문을 하든지, 인생에서 어떤 전공을 하든지 이것을 잊어서는 안 되겠습니다. 모스크바 박물관에 가보면 **동슬라브족의 일곱 주신主神**을 새겨 놓은 것이 있습니다. 저 아래 보면 어린이가 있고, 뒤에 말이 있는데, 이것이 **슬라브 일곱 주신을 형상화한 신목神木**입니다. **신단수神壇樹**라고 볼 수 있습니다.

저것은 **대만의 고궁박물원**에 있는 것입니다. 4,500년 전 홍산문화 후기, 고조선 초기에 제작된 것인데 **천제를 올릴 때 쓰는 제기祭器로 옥종玉琮**이라고 합니다. **사각형으로 되어 있고, 중앙은 원으로 되어 있는 천원지방**입니다. 중국에서 나온 것과 슬라브, 지금 러시아의 서북쪽에서 나온 것의 양식이 상통하고 있습니다.

Heavenly Sphere
천원天圓

지방地方
Earthly Cube

말

Horse

The worship of Triune God is closely connected with the worship of the Seven Stars, a deification of the constellation known as the 'Big Dipper.' What we need to know, whatever our field of academics, is that the worship of Triune God and the Seven Stars is the archetypal source of all faith and knowledge. The numbers three and seven have been associated with a great deal of symbolism in religion, mythology, and philosophy around the world. If you go to the State Historical Museum in Moscow, look for the stone column depicting the seven Slavic gods. If you examine the lower portion of the column, you will see on three of its sides the image of a child. On the fourth side, there is a horse. Experts say it was built as the 'world tree' or the 'altar tree,' symbolizing the sacred axis.

The column of the seven Slavic gods reminded me of the jade *cong* tube at the National Palace Museum of Taiwan because of their similar shapes. The *cong* tubes were ritual objects used around 4,500 years ago. The typical design of a *cong* tube features a square outer section around a circular inner section and a circular hole. This is a distinctive expression of the 'heavenly sphere and earthly cube' idea. The square outer part represents the earth, and the circular shape of the bore represents the sky.

17마디 옥종
(4,500–4,200년 전, 대만 고궁박물원)
Jade cong tube
(c.2500-2200BCE)
of the Liangzhu Culture.
National Palace
Museum, Taipei, Taiwan.

이제 **태고 원형문화의 보편적 상징인 원십자**原十字와 **원방각**圓方角을 보겠습니다. 본래 **원십자**라는 것은 로마인들이 형틀에 죄수를 매달고 못 박아 죽이는 십자가[가로가 짧고 세로가 긴 십자형]의 모습이 아닙니다. **가로와 세로가 똑같은 본래의 십자, 원십자, 오리지널 크로스**입니다. 지구촌에는 원십자가 어디에나 다 있습니다. 스코틀랜드부터 영국, 아프리카, 중동, 시베리아 전역에 있고, 미국에도 있고, 마야 문명에도 있습니다. 그럼 이 **원십자의 상징성**은 무엇일까요? 바로 **이것을 깨닫고 선포한 시원종족**이 있습니다. 그것을 **환국**으로 보는 것입니다. 이 **환국**으로부터 전 지구에 원십자 문화를 소개하고 생활화하게 한 **매개종족, 전파종족**이 있었습니다. 그 **문화 교류 중심**에는 바로 **유목민**들이 있었습니다. 말을 타고 다니면서 전쟁을 하고, 정복을 하면서 이런 문화를 전파했습니다.

원십자라는 것은 모든 **인간 삶의 근본 주제들, 행복, 평안함, 자연과의 합일, 신과 인간, 대자연의 신성과 본성**을 상징합니다. 그리스 항해사들이 이 원십자를 생명처럼 여겼습니다. **네 개의 주요한 방위, 사정방 동서남북** 이것을 잃으면 죽기 때문입니다. 바다에서 길을 잃어버리면 어둠에 떨어져서 죽을 수밖에 없기 때문입니다.

콜룸바의 원십자를 보면 아주 미학적으로 잘 빠졌습니다. 콜룸바는 원래 아일랜드 출신의 신부, 선교사였습니다. **콜룸바의 원십자를 켈트 문화의 원십자**라고 하는데, 이것을 보면 **4방위 정 동서남북**에 **3수**로 얽혀 있고 **중앙에 또 원십자**가 있습니다. 그러니까 여기서 중요한 사실은 이 **원십자의 중앙, 본체인 하나님의 마음을 상징하는 원 중심**에서 동서남북이 벌어져 나온 것입니다.

Let us talk about some other pattern shapes representative of Singyo. Take the cross for example. As mentioned earlier, the cross is an ancient symbol found everywhere around the world. Wherever you go in the world, you find the cross. In all the places I have traveled—including England, Scotland, Africa, the Middle East, Siberia, North America, and Central America—there were crosses. Ancient crosses are often equilateral, by the way, with arms of equal length, unlike the Roman cross, which has a longer descending arm. The cross was a symbol first adopted by the people of Hwanguk and spread worldwide by nomadic pastoralists of the Eurasian steppes. On horseback, the pastoral peoples moved quickly and efficiently over long distances while scouting for pastures, trading, and raiding. This enabled widespread cultural exchanges within, and sometimes beyond, the Eurasian steppes.

The cross is a symbol that represents: peace and bliss; oneness with the Divine Parents and their life forces; and the divinity of God, nature, and human beings. The cross symbol is associated with ancient cosmological symbolism involving the four cardinal points: north, east, south, and west. For the ancient Greeks, the cross symbolized the seaman's compass used to navigate their ships to safe harbor, as well as the inner compass that guided them through the journey of their lives.

There is a very decorative type of cross called the 'Celtic cross' or the 'Cross of St. Columba.' The cross was named the 'Cross of St. Columba' because people believed it was introduced to Ireland by the Irish evangelist Columba (521–597). However, according to archaeologists, some of the earliest pre-Christian Celtic cross symbols date back to the fifth millennium BCE. If you consider the shape of it, on each of the four equal arms that represent the four cardinal directions (north, south, east, and west), there is the elaborate Celtic triangle symbol known as the 'triquetra' or 'trinity knot.' Interestingly enough, there is another cross at the center. The center of the cross traditionally represents the 'Most High God,' i.e., the eternal unchanging being ultimately responsible for all wholeness and order in the cosmos.

우리가 살고있는 대우주 자연은 **시간과 공간**을 근본으로 합니다. 우주는 **정 동서남북 사정방, 네 곳의 반듯한 방위성**을 가지고 있습니다. 그렇기 때문에 우리가 **항상 반듯하게 있어야 건강하고 생명이 평안**합니다. 이것이 **우주 생명의 본성**입니다. **원십자 문화**는 사정방을 보여줍니다.

켈트문화의 원십자
An example of the Cross of St. Columba, also known as the 'Celtic cross.'

이제 **우주의 3대 기하학 도형 원방각**圓方角을 보겠습니다. 원방각을 문화적으로 보면, **원**이라고 하는 서클, 그 다음에 **방정하고 반듯반듯한 사각형**, 그리고 **정삼각형** 이것이 **우주에 존재하는 만물의 기하학적 원리, 공간 존재의 원리**입니다. 원방각 문화에서 **원**圓이라는 것은 **하늘의 마음, 아버지의 마음**입니다. **방**方, 반듯한 것은 **어머니의 마음**입니다. 아버지와 어머니, 이 천지의 본성이 원방, 원만하고 방정한 것입니다. 그리고 **사람은 천지부모와 하나 되는 것이 궁극적인 삶의 목적**입니다. 인간의 삶의 목적과 인간 생명의 본성이라는 것은 **하늘과 땅과 일체관계**입니다. 이 **삼위일체**를 상징하는 도형이 **정삼각형**입니다. **원방각 문화는 하늘과 땅과 사람의 마음**을 상징합니다. **삼위일체 문화는 정삼각형**에서 온 것입니다. 그래서 동서 태고시대의 도자기를 보면 늘 이 정삼각형이 붙어 다닙니다. 너무도 완벽한 것이 러시아 문화권에 많다는 것을 보고 깊은 감동을 받았습니다.

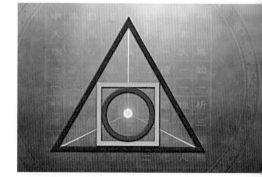

콜룸바 (아일랜드 출신의 신부)
Saint Columba (521–597).

Having four arms of equal length perpendicular to the adjacent arms, the cross is a symbol of the structured order of the cosmos. From the shape of the cross, we learn the value of balance. Some of the lessons the cross teaches us include the importance of keeping a good balanced posture. Try to maintain good posture throughout the day as a way to be in harmony with nature and the cosmos. You will be surprised to notice how much it will improve your overall health, inner peace, and well-being.

The next pattern of shapes associated with Singyo that I would like to discuss are three common geometric shapes: the circle, square, and triangle. These are shapes that represent fundamental principles of nature and thus are clues to a deeper understanding of the universe. A circle symbolizes wholeness and indivisibility, which are the virtues of Father Heaven; while a square symbolizes orderliness and principles, which are the virtues of Mother Earth. Linking heaven and earth is humanity, symbolized by the triangle. An equilateral triangle with all sides of equal length and each angle equal represents the trinity of heaven, earth, and humanity—the three manifestations of one divinity. We were born to realize the divinity within ourselves and achieve a unity with heaven and earth. Amazingly, prehistoric pottery from different parts of the globe demonstrate this concept.

만물의 기하학 공간 존재 원리: 원방각

Three geometrical shapes—circle, square, and triangle—are associated with ancient cosmological symbolism.

환국시대
삼각문양 토기
6,200년 전
프랑스 루브르박물관

Terracotta bowl with triangle motifs. Louvre in Paris, France.

기하학 도형 해석의 문화원전, 천부경

기하학 도형을 해석할 수 있는 문화 원전이 바로 **환국에서 나온** 『**천부경**』입니다. 그러면 **천부경**이란 무엇인가? 여기에 대한 연구로 학술논문, 서책, 기사가 대단히 많이 나와 있습니다.

천부경은 첫째, **인류 최초의 경전, 인류 최초의 계시록**입니다. 인류 문화 역사의 **첫째 계시록**인 것입니다. **인류 최초의 경전, 우주수학의 원전**이면서 **깨달음의 원전, 모든 종교의 원천이 되는 사상 원전, 천부경!** 오늘날 0과 1, 디지털 과학문명의 근원이 **천부경**에서 온 것입니다. 그래서 **천부경**은 인류의 모든 지혜의 근원, 원천이 되는 문화 원전입니다. 또 **자연수 1, 2, 3, 4, 5, 6, 7, 8, 9, 10 열 개의 수**로 **하늘과 땅, 인간과 신, 진리**에 대한 정의를 합니다.

천부경에서는 **천지부모**가 누구인지 말하고 있습니다. **하늘을 아버지, 땅을 어머니**로 삼았는데, 이에 대해 천부경보다도 더 **근본적이며, 원천적이고 위대한 사상**은 있을 수 없다고 봅니다. **인간의 삶의 목적이 무엇인가? 인간이란 무엇이며 왜 태어나는가? 무엇을 위해 존재하는가? 하늘·땅·인간의 일체관계**에 대한 진리 정의를 천부경에서 **수의 원리**로 너무

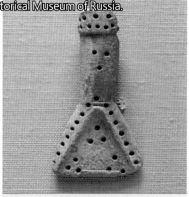

모스크바 국립역사박물관 The State Historical Museum of Russia.

삼각문양 그릇
Ancient pottery with triangle motifs.

삼각문양 도구
The lower half of this ancient tool is in the shape of an equilateral triangle.

The World's Oldest Sacred Text

Prehistoric geometrical shapes contain messages from the ancients. Fully decoding these hidden messages requires knowledge of one ancient text. This text is *Cheonbu Gyeong* ("*The Scripture of Heavenly Code*"), the world's oldest known sacred text, which expresses the laws of the universe via numerical properties. The people of Hwanguk obtained *Cheonbu Gyeong* through divine revelation. Historically, many studies have been conducted and a large number of research papers have been published on *Cheonbu Gyeong*.

Drawing upon the language of ancient mathematical philosophy, *Cheonbu Gyeong* served as the source of all human knowledge and enlightenment. The principles of *Cheonbu Gyeong* have actually been the philosophical and political foundation of the world's civilizations. We can also say that modern civilization, which is greatly dependent upon binary digital devices and computers, was built upon the principles revealed by this ancient text. Using the mathematical archetypes from one to ten, *Cheonbu Gyeong* revealed the mysteries of the cosmic creation process, through which nothing leads to everything. I know of no greater literary source of wisdom and inspiration than *Cheonbu Gyeong*. It exactly answers, in a simple way without superfluous words,

도 간명하고 시원스럽게 내려주고 있습니다.

천부경은 환국시대 때부터 모든 사람이 '일시무시일~' 이렇게 **입으로 외우면서, 수억, 수십억 번을 읽으면서** 살아왔습니다. 한번 읽는데 한 20초밖에 안 걸리는 이 천부경은 **여든 한 자**로 이루어졌습니다. 이것이 **구전**口傳되어 오다가 배달국에 와서 **신지**神誌 **혁덕**赫德이 **녹도문**鹿圖文으로 기록하였고, **단군조선 때 신지**神誌가 **전서로 기록해서 태백산에 비석**을 세우게 됩니다. 이후 **신라시대**에 당나라 유학을 했던 **고운 최치원**이라는 분이 번역을 하여 전해졌고, 고려시대에는 천부경에 대한 주석서가 몇 가지 나왔습니다.

인류 최초의 경전 **천부경**

천부경 81자
The eighty-one characters of *Cheonbu Gyeong*.

questions such as: "What are heaven, earth, humanity, and God?" "Why are heaven and earth the source and the parents of all beings?" "Who are we?" "What were we born to do?"

Composed of eighty-one characters, *Cheonbu Gyeong* was a text which the people of Hwanguk learned by heart. The text is not too long, and it takes only twenty seconds to recite the whole scripture. The citizens of Hwanguk must have repeated it over and over again, perhaps billions of times throughout their lifetime. It was orally transmitted through history until approximately the fourth millennium BCE, when Hyeokdeok, an official charged with conveying imperial commands during the Baedal era, first put it into writing using Nokdo characters, which resemble a pattern of deer hoofprints. In the second millennium BCE, during the Joseon era, *Cheonbu Gyeong* was carved on a stone on the present-day Mt. Baekdu in Seal Script, another ancient script. The carvings were found and translated into contemporary language by Choe Chi-won (857–tenth century; also known by the literary name 'Goun,' "Lonely Cloud"), a renowned scholar from the Silla Dynasty. By the time of the Goryeo Dynasty, there had been published several books containing commentaries on *Cheonbu Gyeong*.

천부경 天符經

일 시 무 시 일
一始無始一

하나는 시작이나 무에서 시작된 하나이니라.

석 삼 극 무 진 본
析三極 無盡本

이 하나가 세 가지 지극한 것으로 나뉘어도 그 근본은 다함이 없어라.

천 일 일 지 일 이 인 일 삼
天一一 地一二 人一三

하늘은 창조운동 근원 되어 일이 되고

땅은 생성운동 근원 되어 이가 되고

사람은 천지성공 근원 되어 삼이 되니

일 적 십 거 무 궤 화 삼
一積十鉅 无匱化三

하나가 쌓여 열로 열리지만 모두 3수의 조화라네.

천 이 삼 지 이 삼 인 이 삼
天二三 地二三 人二三

하늘도 음양운동 3수로 돌아가고

땅도 음양운동 3수로 순환하고

사람도 음양운동 3수로 살아가니

대 삼 합 육 생 칠 팔 구
大三合六 生七八九

천지인 큰 3수가 합해 6수 되니 생장성 7·8·9를 생함이네.

운 삼 사 성 환 오 칠
運三四 成環五七

우주는 3과 4로 운행하고 5와 7로 순환하네.

The Scripture of Heavenly Code

一始無始一

One is the beginning;
  from Nothingness begins One.

析三極無盡本

One divides into the Three Ultimates,
  yet the source remains inexhaustible.

天一一地一二人一三

Arising from One, Heaven is One.
Arising from One, Earth is Two.
Arising from One, Humanity is Three.

一積十鉅无匱化三

One accumulates and opens as Ten,
  yet all occurs due to Three's creative change.

天二三地二三人二三

Based on Two, Heaven changes under Three.
Based on Two, Earth changes under Three.
Based on Two, Humanity lives under Three.

大三合六生七八九

The Great Three unite into Six,
  which then gives rise to Seven, Eight, and Nine.

運三四成環五七

Everything moves in accordance with Three and Four;
  everything circulates under Five and Seven.

일 묘 연 만 왕 만 래 용 변 부 동 본
一秒衍 萬往萬來 用變不動本

하나가 오묘하게 뻗어나가 수없이 오고 가는데,
작용이 변하여 변하지 않는 본체가 탄생하네.

본 심 본 태 양 앙 명
本心本太陽 昻明

우주의 근본은 마음이니 태양을 본받아 한없이 밝고

인 중 천 지 일
人中天地一

사람은 천지를 꿰뚫어 태일太一이 되니라.

일 종 무 종 일
一終無終一

하나는 끝이나 무에서 끝나는 하나이니라.

* * *

천부경에 담긴 뜻은 아주 간결합니다. 천부경을 가지고 우리가 책도 몇 백 권 쓸 수 있습니다. 자연의 신비를 이것으로 다 해석할 수 있습니다. '모든 것은 하나에서 나와서 하나로 돌아간다.' 이것이 **일시무시일**一始無始一, **일종무종일**一終無終一입니다. **일시**一始, 하나에서 비롯됐다. 나와 너, 우리가 살고있는 이 대자연 우주도 전부 하나에서 나왔다는 것입니다. 하나에서 모든 것이 나와서 하나로 돌아갑니다.

그런데 이 하나는 인식이 되지 않기 때문에, 이 **하나가 구체적으로 현실세계에서 드러날 때는 세 가지 지극한 것으로 나옵니다.** 그것이 석삼극析三極인데, **하나가 구체적으로 셋으로, 즉 세 가지 지극한 것으로 나옵니다. 그것이 하늘과 땅과 인간입니다.**

一彣衍萬往萬來用變不動本

One expands in mysterious ways
    while coming and going endlessly,
    and a great change to the Function occurs,
    bringing forth the immutable Body.

本心本太陽昂明

The basis of the universe is the mind,
    which shines radiantly like pure yang.

人中天地一

Humanity, penetrating the mind of heaven and earth,
    attains the Ultimate One.

一終無終一

One is the end;
    in Nothingness ends One.

*   *   *

Although *Cheonbu Gyeong* is very short and simple, it holds an accessible key to solving the mystery of nature. It begins and ends with a description of the number one.

One is the beginning;
    from Nothingness begins One.

One is the end;
    in Nothingness ends One.

'One' is both the source and destination of everything. It not only gives rise to all things, it is to where all things seek to return.

Although 'one' exists in all things, it remains unapparent. The unmanifested potentialities of the unity are made actual by the trinity.

"석삼극무진본析三極無盡本." 아무리 많은 은하계, 지구촌 생명 인간이 억조가 나오고 또 나오고 또 나오고 해도 그 근본, 우주의 생명력은 다함이 없다는 것, 고갈되는 것이 아니라는 것입니다. 이 대우주 생명력은 늘지도 않고 줄지도 않습니다. 이 우주 생명의 원천적 항존성, 우주는 영원히 살아있다는 것입니다. 우주는 영원히 살아있다! 그것이 바로 무진본입니다. 내가 우주와 하나가 될 때, 하나로 돌아갈 때 나는 어떻게 되는 것인가? 이 우주와 함께 영원히 하나로 살아있는 것입니다. 그런 깊은 진리에 대한 근본 깨달음이 천부경에 잘 정의되어 있습니다.

"천일일天一一 지일이地一二 인일삼人一三." 하늘과 땅과 인간 세 가지의 가장 지극한 존재의 실재에 대해서 정의를 하는 것입니다. 천일, 하늘도 하나님이다, 지일, 어머니 땅도 하나님이다, 그리고 인일, 바로 인간도 진리의 근원, 일자 그 하나를 그대로 가지고 있다는 것입니다. 우리 몸과 마음, 영 속에는 바로 이 천지 조물주의 생명의 근원 일자를 그대로 가지고 있다는 것입니다. 인일人一, 그것을 다른 말로 천지와 크게 하나 되어서 태어난 인간, 즉 태일太一이라고 합니다. 천지와 하나 되어서 살아야만 하는 인간의 삶, 천지부모와 하나 된 삶을 성취한다는 삶의 목적과 진리 명령이 천부경에 내재되어 있는 것입니다.

One divides into the Three Ultimates,
        yet the source remains inexhaustible.

The universe becomes recognizable when it unfolds as heaven, earth, and humanity—the "Three Ultimates." This trinity is required for the birth of the innumerable aspects of the world of appearances. But no matter how massive and complex the universe grows to be, the source that continually gives birth to different beings and objects, symbolized by 'one,' remains constant and unchanging. In this way, the universe exists forever. Life that enters into unity with the universe is thus also eternally existent.

Arising from One, Heaven is One.
Arising from One, Earth is Two.
Arising from One, Humanity is Three.

Cheonbu Gyeong reveals that heaven, earth, and humanity all exist in eternal unity. This means that heaven, earth, and all beings are all actually parts of one divine whole. We all have within us the unchanging oneness. This oneness is the common denominator of all beings in the universe. We were born to fully realize our inherent 'one' (*tae-il*) and restore our status as the divine trinity.

'One' can be likened to water, such as the water of Lake Baikal, for water is the original source of life on earth. It is no coincidence that the first atom of the ninety-two natural elements to emerge was hydrogen, which combines with oxygen to form the water molecule. In Korean philosophy, the number one is connected to the concept of Taeguek. 'Taeguek' is the Korean term that describes the state of undifferentiated absolute and infinite potential, from which everything originates.

'상경上經'의 마지막 메시지는 바로 '일적십거一積十鉅'입니다. 이 하나라는 것은 바이칼에 있는 지구 어머니 자궁의 성스러운 물처럼 이 우주 만물은 물水에서 나왔다는 것입니다. 이것을 우리가 태극太極이라고 하며 숫자로 말하면 1태극입니다. 수소의 원자번호가 1이지 않습니까? 일적십거一積十鉅라는 것은 우주가 물에서 나와서 이 물이 분열해서 봄여름이 지나고 가을이 되면 10수 시대가 열린다는 것입니다. 이제는 우리 모든 인간의 마음속에서 근본을 찾아야 합니다. 먹는 것, 즐기는 것만이 다가 아닙니다. 결국 이것은 우리들의 진리 문제, 깨달음의 문제입니다.

일적십거, 하나가 쌓여서 십으로 열린다, 십으로 커서 성숙한다, 열매를 맺는다는 의미입니다. 봄 개벽과 가을 개벽이 있는데, 우주의 봄이 열리는 것이 일적一積, 우주의 가을이 열리는 것이 바로 십거十鉅입니다.

근대 역사의 출발점에서 일적은 선천개벽, 십거는 가을 우주가 열리는 후천개벽입니다. 그러니까 본래의 진리의 원상, 원형문화가 나오는 것입니다. 러시아에 잠들어 있는 환국의 황금시절의 우주광명 문화가 다시 나온다는 것입니다. 이것이 십거입니다. 이 십거를 위해서 오늘 우리가 이 자리에서 만난 것입니다.

One accumulates and opens as Ten….

Expanding to ten, one generates everything from nothing. The appearance of ten represents the completion of a journey and a return to the origin (unity) after a purifying ninefold experience (symbolized by youth and growth, spring and summer). This journey brings everything to a higher level and takes us to a new beginning (symbolized by maturation and the season autumn).

The process of universal construction begins from 'one,' ultimately unfolding into ten. Ten is the recurrence of unity at another level. Ten is a numerical representation of a new beginning, a leap to a greater level of fulfillment, and a completion of the whole. If I use the seasons as a metaphor for the phases of the transition journey: the 'separation from unity' can be likened to the arrival of spring, which is full of fresh, blossoming trees and new life; while the 'completion into ten' is analogous to the coming of autumn, when ripe, fleshy fruits adorn shrubs and trees. To use a Korean term, the transition from unity to separateness can be referred to as the 'Early Heaven Gaebyeok' (*gaebyeok* means 'renewal and rebirth of heaven and earth') and the transition to completeness is the 'Later Heaven Gaebyeok.'

One accumulates and opens as Ten….

This line reveals a very important message of *Cheonbu Gyeong*: 'Return to the state of unity, the original state of oneness, for that is what we were born for.' The line also tells us that we should return to the Golden Age of Hwanguk, the original civilization of resplendent and enlightened people.

'중경中經'을 보겠습니다. 하늘과 땅과 인간은 음양陰陽운동을 하면서 다 함께 삼위일체로 살아있습니다. 천이삼天二三 지이삼地二三 인이삼人 二三 그리고서 대삼합육大三合六입니다. 인간 삶의 그 모든 것을 이루는 것은 대삼과 합이 될 때 가능합니다. 이 대삼은 '큰 셋'을 의미하는데 바로 하늘과 땅과 인간입니다. 바로 하늘, 땅, 인간이 크게 합일이 됐을 때 육이 되는데, 육이라는 것은 우주의 영원한 생명수입니다. 우리가 『신약』을 보면 니고데모가 '어떻게 하면 거듭날 수 있겠사옵니까?' 하고 묻습니다. 그러니까 예수가 '사람이 물과 성령이 아니면 거듭날 수 없다. 영생할 수 없다.'라고 합니다. 그때의 그 물, 우주의 영원한 생명수를 말하는 것입니다.

육六이 천부경 여든 한 자의 중심수가 됩니다. 이 육六이라고 하는 문제는 근대사의 출발점인 동학혁명에서 동학본부의 역할을 했던 육임소六任所라든지 또 앞으로 남북통일을 이루는 육임六任 문화에서도 볼 수 있습니다. 실질적으로 육임 문화가 나와서 통일이 됩니다. 이것이 가을개벽에 의한 통일관입니다. 이것을 한번 기억해 두시기 바랍니다.

Based on Two, Heaven changes under Three.
Based on Two, Earth changes under Three.
Based on Two, Humanity lives under Three.

The universe creates itself out of a primary chaos, and it is organized into the cycles of yin and yang and formed into heaven, earth, and humanity. This trinity of heaven, earth, and humanity is referred to as the "Great Three" in the next line:

The Great Three unite into Six....

The total sum of the divine three—heaven, earth, and humanity—is six. Six represents the completed whole made up of the parents (heaven and earth, represented by one and two respectively) and their children (humanity, represented by three). According to Korean philosophy, 'six' is another numerical symbol for water—water that never runs dry, and water that is representative of rebirth, cleansing, or healing. Therefore, this line of *Cheonbu Gyeong* can be interpreted as: 'When you enter into a state of unity with heaven and earth by realizing the state of ideal perfection and divinity within, you will be reborn and live forever.*

Six is also a symbol of balanced and efficient structure and function. If you write the eighty-one characters of *Cheonbu Gyeong* in a nine-by-nine grid, the character 六 *six* will be placed at the center. Interestingly, the headquarters of the Donghak ("Eastern Learning") movement was comprised of six departments. Donghak was a Korean movement in the nineteenth century which spread the millenarian belief that a new era of unity would arrive. Donghak was revived in the form of the modern movement of Jeung San Do. Jeung San Do's key messages include: "A new era will eventually be brought about by people organized into units of six members."

---

* This concept of rebirth is related to the Bible story of Nicodemus, who visited Jesus and asked, "How can someone be born again?" Jesus answered, "Very truly I tell you, no one can enter the kingdom of God unless they are born of water and the Spirit." [John 3]

제3부
한국과 러시아의 새로운 만남

환국의 땅, 러시아

이제 '한국과 러시아의 새로운 만남'이라는 주제로 이야기해 보려 합니다. 이곳 러시아에는 전통문화 동양문화와 서양문화 기독교가 공존합니다. 러시아 문화는 기독교의 원형정신과 전통 신앙과 융합되어있는 인류문화의 보고寶庫입니다. 러시아는 인류 미래문명 창조에 끊임없이 영감을 주는 희망의 땅입니다.

러시아는 천부경의 나라이자 인류 문화의 고향인 환국의 땅입니다. 러시아 전통문화에는 인류 원형문화, 원형정신인 신교神敎가 그대로 살아있습니다. 환국의 신교문화 코드로 러시아의 황금시절 문화를 잘 모아서 종합해보면, 러시아의 소중한 문화유산뿐만 아니라 지구촌에 산재한 우주의 원십자, 원방각 문화, 용봉문화를 제대로 해석할 수 있습니다.

러시아 전통문화는 신교문화의 정수를 간직하고 있습니다. 앞에서 살펴보았듯이 천지부모天地父母 사상이 살아있습니다. 하늘과 땅을 신적 존재로 모시는 것입니다. 이철이라는 분이 쓴 책에 "하늘이여, 제 말을 들으소서!"라는 하늘에 대한 기도문이 있습니다. 이처럼 러시아 사람들은 전통 신앙의 숨결을 가지고 "하늘이여, 제 말을 들으소서!"라고 기도를 한 것입니다. 그런데 사실은 전 지구촌 사람들이 어떤 절망에 빠질 때 무릎을 꿇고, 고개를 땅에 묻고, 또는 깊은 밤에 저 하늘의 별을 보면서 "하늘이시여, 제 말을 들으소서." 이런 기도를 할 수가 있단 말입니다.

Chapter 3
Past and Future Links Between Korea and Russia

The Ancient Connection Between Korea and Russia

Russia is where the East and the West—and where indigenous spirituality and Christianity—coexist. Although Orthodox Christianity contributed much to the history of Russia, traditional religions constituted an inseparable part of the historical heritage of Russia's peoples. Replete with rich historical memories, Russia provides endless inspiration for the future of humanity.

The indigenous faiths of Russia have their origins in Hwanguk. The people of Hwanguk used numerals, geometric shapes, and mythological symbols to express nature's harmonious principles. Learning to interpret these symbols—such as the cross; the circular, rectangular, and triangular shapes; the dragon and the phoenix—will enable you to unveil the mysteries of the ancient history of Russia and, by extension, of the ancient history of the world. In this part of my presentation, I would like to discuss the commonalities between Slavic culture and Korean culture.

The first thing I would like to mention is the worship of heaven and earth. The early Slavs honored heaven and earth as divine beings. A Korean scholar, Lee Chul, confirmed this fact in his research paper: *The World View Reflected in Russian Ancient Myths and Legends* (1997). In this paper is quoted a prayer of the Slavs: "Oh, Sky God! Please hear my prayers!" In fact, the worship of the sky is universally present in the world's cultures.

러시아에서 하늘 아버지를 '스바로그'라고 합니다. 스바는 '천지'를 뜻하고, 스바로그는 '천지를 낳다'라는 뜻입니다. 그래서 스바로그는 조물주를 말합니다. 어머니는 '모코쉬'라고 합니다. 모코쉬는 '물에 젖은 땅' 또는 '사람의 운수를 결정짓는 신'이라는 뜻이 있다고 합니다. 러시아에는 이렇게 '스바로그'와 '모코쉬'라는 천지부모신이 있습니다. 조금 전에 말씀

스바로그 (父)
Svarog.

드린 키예프 루시의 왕자 삼형제가 모였던 언덕 바로 옆에 있는 신단수神壇樹에 부모신父母神을 모셨습니다. 천지부모신을 숭배하는 것을 보고 제가 아주 깊은 감동을 받았습니다. '러시아에는 진정 인류 원형原型문화의 혼魂이 그대로 살아 있다. 위대한 문화민족이다'라고 말이죠. 우리는 러시아를 새롭게 기억해야 합니다.

Republic of Sakha (Yakutia)
사하공화국

러시아
Russia

바이칼호
Lake Baikal

야쿠츠크
Yakutsk

모코쉬 (母)
Mokosh.

In Slavic mythology, there is a sky god known as 'Svarog.' The origin of Svarog's name can be traced to the Sanskrit word *svarga*, meaning "sky" or "heaven." Svarog is considered to be God the Creator, Father Heaven. Also, there is a Slavic goddess equivalent to Mother Earth. She is Mokosh, whose other name is 'Mat Syra Zemlya,' meaning "Damp Mother Earth." She is a deity associated with destiny and fate. The ancient Slavs' worship of Father Heaven and Mother Earth is beautifully represented by the sculpted column standing on the Starokievska Hill [p. 152 picture 3] we talked about earlier. This fascinating column shows that ancient Russians were truly enlightened people who developed a highly sophisticated and advanced civilization. They encoded their art and architecture with the symbolism of archetypal principles!

솟대문화가 살아있는 야쿠츠크 으스아흐 축제
The Ysyakh ("Abundance") Festival in the Republic of Sakha (also known as the 'Republic of Yakutia').

솟대문화가 살아있는
야쿠츠크 으스아흐Ысыах축제

솟대문화가 살아있는
야쿠츠크 으스아흐Ысыах축제

The Sakha people celebrate the arrival of summer during the annual Ysyakh Festival. This festival features Osokhay, the sacred Yakut dance in which people hold hands and rotate on an axis formed by a tall central post, or *serge*.

그 외에도 다양한 자연신이 살아있습니다. 특히 **신단수, 하늘의 신이 내려와서 사람과 만나는 우주나무, 거룩한 생명의 나무 문화의 원형**이 잘 살아있습니다. 우리는 **러시아 전역**에서 **신단수 문화의 원형**을 만날 수 있습니다. **시베리아 동북부 사하공화국**, 영하 50도, 60도 되는 그곳에도 그 문화가 그대로 살아 있잖아요. **사하공화국 축제**할 때 **야쿠츠크 솟대 문화**의 원형을 알고 보면 정말로 즐겁습니다. 얼마나 소중한

일본 어주御註(왼쪽)
한국 솟대 (오른쪽)

An *onbashira* (literally "sacred pillar") in the Suwa Grand Shrine complex, Japan (picture 3). Typical *sotdae* ("raised posts") in Korea (picture 4).

일본 신사의 도리이鳥居
A *torii* gate in Japan.

일본 솟대(어주御柱)
Onbashira

한국 솟대
Sotdae

Another common symbol that traditional Slavic and Korean religions share is the world tree, representing the connection between the heavenly realm and the earthly world. The world tree ('cosmic tree' or 'world pillar') symbol appears throughout the Eurasian continent, perhaps most vividly in the Republic of Sakha. Located in the far northeastern region of Russia, this republic is known for its severe climate, with the lowest temperatures sometimes reaching minus sixty degrees Celsius. As you can see from the slides [picture 1], the concept of the world tree is a prevalent motif in their culture. In fact, the world tree is a common theme found in many East Asian religions and mythologies. The Japanese *torii* (the literal translation of which is, interestingly, "bird perch"), most commonly found at the entrances of Shinto shrines, is another representation of a world tree. World trees

문화유산이냐 말입니다. 저것이 그대로 일본으로 건너가서 **신사의 도리이**(鳥居)가 된 것입니다. 우리나라뿐 아니라 주변 여러 나라에 **솟대 문화**가 살아있습니다. **기러기, 오리 같은 여러 가지 새**를 놓잖아요. 지금 저 **하바롭스크**에도 이번에 가서 찍은 '**샤만 솟대**'가 있습니다.

　알타이 우코크 고원, 저 유명한 **파지리크**를 가보면 **러시아 땅에 잠들고 있는 환국문화의 원형**을 만나게 됩니다. 그 대표적인 것이 '**얼음 공주**'입니다. 우리나라에서도 일부 전시가 되었는데, 파지리크에 가보면 그 원형을 박물관에 갖다 놓았습니다. **얼음 공주의 머리 위에 있는 솟대에 열다섯 마리의 금제 그리핀**이 조각되어 있습니다. **그리핀**은 원래 동방의 **봉황새**입니다. **천지광명을 상징하는 성스러운 자연신**으로 무엇이 있습니까? 문화적으로 대표적인 것이 **用**龍과 **봉황**鳳凰입니다. 봉황은 암새와 수새가 있는데, 이 **봉황새가 알타이를 거쳐** 넘어가면서 **변형되어서 그리핀**이 된 것입니다.

하바 샤먼 솟대 (하바롭스크)
Wooden sculpture in Khabarovsk. The shaman figure is standing next to a pole similar to a Korean *sotdae*.

are frequently depicted with birds in their branches. For example, Korean *sotdae* poles often feature birds such as wild geese or ducks. What you are seeing on the screen now [picture 1] is a photo taken during our recent visit to Khabarovsk. Standing beside the figure of a shaman is a pole that looks amazingly similar to a typical Korean *sotdae*.

In one of the ancient *kurgan*s (mound burials) of the Pazyryk culture in the Altai Mountains, Siberia, an ancient mummy of a woman was found. She is the famous 'Princess of Ukok,' also known as the 'Ice Princess.' Atop her head was found, amazingly, a three-foot tall headdress, which is considered to have been a symbol of the world tree. What is more interesting is that the headdress was decorated with fifteen small golden figures depicting phoenixes. As mentioned earlier, the phoenix (or griffin) and the dragon were nature deities symbolizing heavenly and earthly effulgence. The ancient Pazyryk practiced the worship of Hwanguk's deities. This practice then spread across the Altai Mountains to the Western world.

우코크고원의 얼음공주(파지릭 고분 2호분) 노보시비르스크 러시아과학원 시베리아분원 박물관

Reconstruction of the Ice Princess or Princess of Ukok. On display at the Museum of Archaeology and Ethnography of the Siberian Branch of the Russian Academy of Sciences, in Novosibirsk.

파지리크에서 나온 유물 가운데 상트페테르부르크에 전시된 유물을 보면 **열 여섯 마리 봉황새**를 조각한 게 있습니다. 박물관 전시실에 들어가 보면 제일 오른쪽에 있는데 크기는 좀 작지만 이걸 보면 깜짝 놀랍니다. 이런 조각품은 지구에서 여기밖에 없습니다. **봉황 열 여섯 마리**를 갖다 놓은 건 지구상에 이 러시아밖에 없는 것입니다. 이게 **환국문화의 정통을 계승한 문화양식**입니다.

15마리 금제 그리핀(봉황) 조각 (노보시비르스크 러시아과학원 시베리아분원 박물관)

The headdress of the princess had the figures of fifteen phoenixes attached to it. Photos from the Museum of Archaeology and Ethnography of the Siberian Branch of the Russian Academy of Sciences.

크레타섬(미노스 왕궁)의 봉황

Cretan griffin fresco from the throne room of the Palace of Knossos.

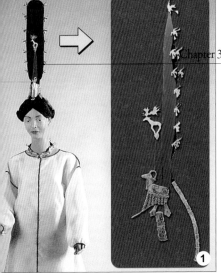

There is something even more striking on display at the State Hermitage Museum in Saint Petersburg. Examine this sculpture [picture 4] excavated at a Pazyryk tomb. It is a griffin clamping a stag's head in its beak. Despite its small size, if you take a closer look at this sculpture, you will be astonished to discover that the horns of the stag form the shape of sixteen griffins. This is definitely an expression of Hwanguk's cultural heritage. This distinctive griffin imagery is a very rare and precious cultural property, and it now exists nowhere else but Russia.

알타이의 봉황
Scythian griffin from the Pazyryk Valley, Altai Mountains.
The State Hermitage Museum.

파지리크에서 나온 열여섯 마리 봉황 조각(에르미타주 박물관)
Griffin holding a stag's head in its beak. The horns of the stag form the shapes of sixteen griffins.
The State Hermitage Museum.

알타이는 인류 문명 발상지의 한 성소聖所라고 볼 수 있습니다. 알타이를 우리 한국에서는 금이 많은 곳으로 알고 있는데 이것을 **금악산**金岳山이라고 합니다. 금이 많이 나오는 곳, 골드 마운틴이라는 뜻입니다. 『환단고기』에 보면 **아버지 환인**桓仁이 **금악산**과 **삼위산**三危山과 **백두산**, **(태백산)**, 이 세 산을 둘러보시고서 **환웅**桓雄에게 '태백산으로 가라. 거기가 홍익인간弘益人間 할 만하다'고 하셨습니다. 그리고 **중국 시조 반고**盤固는 삼위산으로 갔다고 합니다.

금악산, 알타이 산은 백만 년 전의 유물이 나오는 곳입니다. **알타이 산 파지리크**에서 나온 대형 **쿠르간** 즉 **유목문화 대왕의 무덤**을 파다가 옮겨 놓은 곳이 **상트페테르부르크**입니다. 거기 가보면 높이가 상당한데, 그 **대형 무덤** 안에 있는 관목도 그대로 다 갖다 놓았습니다. **왕의 무덤**에서 나온 **대형 카펫**이 지금 이 화면으로 보는 것보다 조금 더 큽니다. 거기에 놀랍게도 **환국의 우주광명 문화를 상징하는 유물**이 있습니다. 왕이 타던 말의 눈과 가슴 쪽에 곡옥曲玉이 그려져 있는 것입니다. **곡옥**을 두고 '**태아다, 생명의 근원을 상징한다**'는 여러 가지 설이 있는데 이 **곡옥의 신비를 푸는 것**이 아마 **환국문명의 우주광명의 신성을 푸는 열쇠**가 될 것입니다. 이 **곡옥**과 더불어 앞에서 보았던 **우물 정**井 **자**도 그러합니다.

알타이산 The Altai Mountains.

The home of the Pazyryk Culture, the Altai Mountains, is in fact one of the sacred places that are considered a cradle of world civilization. Koreans traditionally referred to the Altai Mountains as 'Geumak' (金岳), literally "Gold Mountains," because the mountains rested atop a vast gold deposit. Geumak is one of the three mountains that appear in *Sinsi Bongi* ("*Annals of Baedal*") in *Hwandan Gogi*. According to *Sinsi Bongi*, the last emperor of Hwaguk, after carefully examining the mountains Geumak, Sanwei, and Taebaek, advised his son Hwanung to migrate to the region around Mt. Taebaek (present-day Mt. Baekdu) to establish a new nation because he concluded that the place was ideal for "fostering wide-reaching benefits for humanity." This was the foundation of the Korean empire of Baedal. Around the same time, another man made his journey to Mt. Sanwei and established a nation in that region. His name was 'Pangu,' and he became the first ancestor of the Chinese nation.

The Altai Mountains are extremely rich in archaeological sites, the oldest of which date back more than a million years. One of the most notable ancient treasures of the Altai Mountains is the spectacular burial mounds (*kurgans*) of the pastoral Pazyryk culture (sixth–third century BCE). The findings unearthed from some of the 'royal' *kurgans* are now exhibited at the Hermitage Museum in Saint Petersburg. Its fascinating collections include immaculately preserved grand wooden burial chambers and woven felt rugs. Take a look at the rug on the screen [p. 186 picture 4]. It is decorated with multi-color appliques that include the figures of a horse and a horseman. You will be surprised if you take a closer look at the unique ornaments adorning the horse. Near the horse's eyes, as well as on its neck, are comma-shaped curved beads identical to the ancient Korean jade ornament known as a *gogok*. Some say this shape represents an embryo in the mother's womb and, therefore, symbolizes life. Maybe. What I believe is that it is one of the key shapes—along with the 井 symbol—that could solve the mysteries of Hwanguk's resplendent and enlightened spiritual tradition.

알타이 지역 아파나시예보에서 **5천년 전의 말 재갈과 승마** 증거가 나왔습니다. 그리고 **대형 쿠르간 묘제**가 **6천년에서 4천 년 전**에 유럽으로 **대량 유입**이 됐다고 합니다. 독일 출신 쉬메켈이라는 사람은 쿠르간이 메소포타미아 지역에서 들어간 것으로 추정을 합니다. 그런데 사실은 **알타이 지역**에서 가지 않았을까요? 왜냐하면 **파지리크의 유물**을 직접 보면 **크고 작은 쿠르간**이 있기 때문입니다. 그 **왕의 무덤들, 대형 묘제**가 있단 말입니다. **알타이 문화**에 있는 **대형 쿠르간**이 **중앙아시아**에도 있고, 러시아의 유명한 산의 위쪽에도 나열되어 있습니다.

환국의 우주광명문화를 상징하는 유물, 곡옥曲玉
The horse is adorned with comma-shaped beads.

파지릭 쿠르간
The Pazyryk *kurgan*s.

파지릭 유물 전시실
(에르미타주 박물관)
Exhibition with findings
from the Pazyryk burials.
The State Hermitage
Museum.

왕의 관목槍木
(에르미타주 박물관)
A wooden burial cham-
ber where a mummified
body was discovered.
The State Hermitage
Museum.

파지릭 5호분 카페트
(2,500년 전, 에르미타주 박
물관)
Wall hanging made of
thick felt with sewn-on
felt appliques. c. 241 BCE.
The State Hermitage
Museum.

In the Altai Republic, over six hundred *kurgan*s have been discovered. Originally in use in the Altai Mountains, *kurgan*s seem to have spread into Central Asia and all across Europe around four thousand to six thousand years ago. Archaeologists found a horse's bit and evidence of horseback riding dating to approximately five thousand years ago in the Afanasevo graves near the Altai Mountains. The horse-riding pastoral nomads of the Ukrainian and Russian steppes must have been those who were responsible for spreading the tradition of *kurgan* burials around the globe. Contrary to some scholars, such as Reinhard Schmoeckel (1928–), who claim that the bearers of the *kurgan* culture were originally Middle Eastern Neolithic farmers, it is highly likely that the first *kurgan* builders were the ancient Pazyryk of the Altai Mountains.

The Afanasievo Culture (c. 3300 to 2500 BCE)

아파나시예보 문화권
6천년전~4천년전

● 아파나시예보
Afanasievo

흑해
Black Sea

카자흐스탄
Kazakhstan

알타이산맥
Altai Mountains

피타 컬레크나 『The Horse in Human History』 38쪽

'알타이지역의 아파나시예보문화에서 5천 년 전의 말 재갈과 승마 증거 출토'

Archaeologists found a horse's bit and evidence of horseback riding dating to approximately five thousand years ago in the Afanasevo graves.

알타이 공화국
Altai Republic

알타이 파지릭 쿠르간

Kurgans found in the Pazyryk Valley, in the Altai Mountains.

흑해 북부 쿠르간 분포도 (에르미타주 박물관)
Locations of *kurgan*s in the Northern Black Sea region.

카자흐스탄 이슥issyk 쿠르간

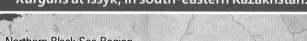

*Kurgan*s at Issyk, in south-eastern Kazakhstan.

The tradition of *kurgan* burials, which originated in the Altai
Mountains, spread into Central Asia and all across Europe.

그리고 러시아 문화를 보면 **정신 문화의 궁극을 상징하는 도깨비가** 있습니다. 용봉문화보다 영적 수준이 훨씬 더 높은 **궁극의 자연신**입니다. 이것은 **티베트**에 가면 많이 있는데, 여기 러시아에도 원형이 그대로 내려오고 있습니다. 러시아에는 **베스와 조르트**라는 **도깨비가** 있습니다.

그럼 **그리스 정교가 러시아 땅으로 돌아왔다**는 것은 어떤 의미가 있을까요? 그리고 이것을 문화적으로 어떻게 해석해야 될까요? 흔히 '러시아 역사가 생성되는 과정에서 동로마의 수도 비잔틴에 가서 세례를

도깨비 장식 (모스크바 국립역사박물관)

받고 그리스 정교를 받아서 러시아정교가 되었다'고 말합니다. 그러나 그것은 사실이 아닙니다. **환국의 문화는 동서양으로 나비의 두 날개처럼 분화되어 나갔습니다. 환국의 서쪽 끝 수밀이국 사람들이 천산을 넘어 수메르 문명을 지금의 이라크 남부에서 열었습니다.** 10여 개 도시국가를 세웠고, **거기서 아브라함이 아버지를 따라 이스라엘로 들어간 것입니다. 거기서 기독교 문명이 나왔습니다.** 러시아에 그리스 정교가 들어온 **이 사건은** 단순히 기독교를 수입했다는 의미가 아닌, **본래 여기서 나갔던 우주 원십자 문화가 친정집에 다시 돌아온 것입니다. 신교의 고향, 환국 땅인 러시아로 돌아온 것입니다.**

그런데 **러시아 문화의 바탕에는 환국의 문화인 삼신·칠성 문화가** 그대로 흐르고 있습니다. 결론적으로 **서구 문화의 바탕인 『구약舊約』의 문**화 주제, 핵심이 **삼신과 칠성 문화**입니다. 쉽게 말해 **아담에서부터 노아**

도깨비 문고리 (러시아 아르샨 라마사원)

A *dokkaebi* symbol found at the Khoymorski Datsan Boddhidharma Tibetan Buddhist temple. Arshan, Republic of Buryatia, Russian Federation.

Dokkaebi symbols exhibited at the State Historical Museum, Moscow.

The last common cultural symbol shared by both ancient Russians and Koreans I would like to mention briefly is the *dokkaebi* symbol. *Dokkaebi* are nature deities that frequently appear in Korean folktales and legends. The common use of these symbols indicates that the people tapped into higher levels of spiritual awareness. Tibet, by the way, is another place on earth where the *dokkaebi* symbols are widely used. The Slavic gods comparable to *dokkaebi* may be Bies or Chort.

In present-day Russia, Christianity is the most widely professed religion, the majority of the population identifying as Russian Orthodox Christian. It is commonly believed that Russia was first Christianized in 988 when Vladimir of Kievan Rus' converted to Christianity and ordered his people to be baptized by priests from the Eastern Roman Empire. But Christianity in Russia has a much longer history. Before the idea of monotheism was first adopted by the patriarch Abraham, whose ancestors were immigrants from Hwanguk, an original form of spiritual tradition, which can be called 'proto-Christianity,' had long been in practice in the ancient world. This was Singyo, the origin of the diverse religions we know today. The Christianization of Russia, therefore, had a very profound historical significance: the returning of Christianity to its place of birth.

The Bible, which is the literary source of Western culture, is packed with consistent three-and-seven (the sum of which amounts to ten) symbolism. The tenth generation after Adam was Noah. Ten generations later came Abraham. Abraham, his son Isaac, and Isaac's son Jacob are considered the three patriarchs of the people of Israel. The twelve tribes of Israel were the descen-

까지 10대, 노아에서 아브라함까지 10대인데요, 3수, 7수로 맥이 10대로 연결되면서 **아브라함, 이삭, 야곱**이 나옵니다. 그런데 아브라함, 이삭, 야곱의 아내들이 아이를 낳지 못합니다. 그래서 **기도로 삼신을 내려 받아 아이를 낳습니다.** 야곱은 열두 아들을 낳았는데 거기서 **이스라엘의 민족 역사**가 시작된 것입니다.

　그런데 『**구약**』을 보면 **중대하고 놀랄 만한 이야기**가 있습니다. 우리가 하나님을 유일신으로 알고 있지만, **하나님은 한 분이 아닙니다.** "우리가 우리 형상을 따라서 사람을 만들자."라고 해서 **조물주가 여러 신으로 나오는 것**입니다. 그것이 바로 **일곱 주신主神**입니다. 이 **일곱 주신 사상이 구약에도 있고, 러시아 동슬라브족의 전통 신교문화에도 일곱 주신 신앙관**이 살아있습니다.

dants of Jacob. Although the three men's wives—Sarah, Rebecca, and Rachel—remained unable to conceive until old age, eventually they gave birth to sons by an act of God, who exhibits the characteristics of a triple god. You likely think the Judeo-Christian religions are monotheistic, so a verse in Genesis may take you by surprise:

> Then God said, "Let us make mankind in our image, in our likeness, so that they may rule over the fish in the sea and the birds in the sky, over the livestock and all the wild animals, and over all the creatures that move along the ground." (Genesis 1:26)

What does the plural "us" in this enigmatic phrase indicate? The "us" must be understood to refer to the seven most powerful and important Sumerian deities, called the 'seven gods who decree fate.' Also, the major deities in Slavic mythology are often considered to be seven in number (Svarog, Dazhbog, Xors, Veles, Perun, Mokosh, and Svarozhich). The archetypal symbolism of the numerals 'three' and 'seven' came from the Hwanguk people's worship of Triune God and the Seven Stars.

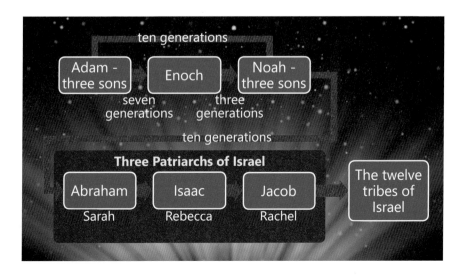

근대에 만난 러시아와 한국, 그리고 앞으로의 비전

결론으로 들어가서, **근대에 만난 러시아와 한국** 그리고 비전에 대해 살펴보겠습니다. 근대 역사에 들어와서 한국과 러시아는 어떻게 만났는가? 러시아는 **제정 러시아의 로마노프 왕조**가 기울어져 가고, 인민들의 민심이 돌아서는 **러일전쟁 패배**의 극적 상황이었고, **한국은 조선 왕조가 패망하는 가장 어려운 국운의 시간대**, 절망의 시간대에 두 나라가 근대사에서 만났습니다. 바로 그때 동북아 **한국**, 한반도 작은 땅에서는 **우주의 질서가 바뀌는 개벽이 온다**는 **개벽 문화**가 나왔습니다. 총체적 인류 문화 혁명의 마지막 메시지인 **'개벽 선언'**이 있었습니다.

수운 최제우崔濟愚
(1824–1864)
Choe Je-u, whose
pen name was 'Su-un.'

신라 경주 땅에서 **1860년 음력 4월 5일 날**, **최수운**崔水雲이라는 분이 **9천 년 전 환국에서부터 믿어왔던 우주의 천신**天神, **삼신상제님**으로부터 **천명**天命과 **신교**神敎를 받는 사건이 있었습니다.

그분이 그때 도통을 하고, **'앞으로는 천주님 시대다, 아버지 시대다, 아버지 문명 시대다'**라는 놀라운 선언을 했습니다. 천주님을 직접 인간 세상에 모시는 시대가 활짝 열린다는 것입니다. 그것이 **동학의 첫째 메시지인 시천주**侍天主 선언입니다. **'시천주**侍天主 **조화정**造化定**'**이라는 메시지를 담은 주문은 **'가을 우주의 노래'**입니다.

Korean-Russian Relations in Modern History and Their Future

Modern diplomatic relations between Korea and Russia were first established in the late nineteenth century when the Russian Empire was attempting to expand its influence and possessions in East Asia. However, the defeat of Russia in the Russo-Japanese War (1904–1905), fought over the occupation of Korea, contributed to growing unrest, which ultimately resulted in the downfall of the Tsarist regime. It was a time of great despair and national crisis for Koreans, too, because the Joseon Dynasty was heading towards collapse due to the concurrent drive of Western expansionism and Imperial Japan's ambition to take control over Korea. During this critical time in Korea began a revolutionary movement that would forever change the destiny of the two countries. This movement was Donghak ("Eastern Learning"), which spread the millenarian belief that *gaebyeok* ('renewal and rebirth of heaven and earth') was impending. It was a belief that the world as we know it would end and a new era of lasting peace would dawn.

On May 25, 1860 (the fifth day of the fourth lunar month), Choe Su-un, a seeker from Gyeongju, the ex-capital of Silla, experienced a direct encounter with Father Heaven (or 'Sangje' in the original Korean language), the belief in whom has a nine-thousand-year history stretching back to the Hwanguk era. In answer to his years of practice of abstinence and prayer, Choe Su-un received enlightenment and was endowed with a mission to inform humanity of the coming new world. This marked the birth of the Donghak movement. With this movement rapidly spread the belief that a new era was about to be initiated by Father Heaven. The Donghak incantation known as the Sicheonju Mantra* expresses this concept. According to Donghak, Father Heaven would usher

---

* **Sicheonju Mantra.** *Sicheonju* means "Serve the Lord of Heaven." The Sicheonju Mantra is transliterated in English as: *Si-cheon-ju Jo-hwa-jeong Yeong-se-bul-mang-man-sa-ji Ji-gi-geum-ji-won-wi-dae-gang.* Its translation by Ahn Gyeong-jeon is: "Serving the Lord of Heaven who determines the destiny of the Immortal Paradise of Creation-Transformation, I will never forget, throughout all eternity, his infinite grace of bestowing enlightenment into all matters. I wish for the ultimate *qi*, the ripening *qi* of autumn, to now descend in abundance from on high."

둘째로 **아버지가 선언하는 진리, 뿌리를 찾아주는 새 진리 무극대도**無
極大道**가 나온다**는 것입니다. **앞으로 새로운 인류의 생활문화, 뿌리 문화
가 나오는 것입니다. 인류 문화의 원형인 환국의 우주광명 문화가 새롭
게 부활해서 나오는 것**입니다.

그 다음에 셋째는 '**십이제국 괴질운수 다시 개벽 아닐런가**'라고 한 '**다
시 개벽**'의 메시지입니다. 그 당시 **지구촌에 열두 개의 초강대국**이 있었
는데, 힘과 억압과 전쟁의 논리를 가지고는 진정한 평화, 인류가 함께 공
존할 수 있는 세상을 만들 수가 없다는 것입니다.

그래서 **앞으로 인류 역사 창세로부터 맺혀 온 전쟁, 폭력, 죽음 등 모든
원**冤**과 한**恨**이 한 번 입체적으로 폭발해서 인류 역사 속에 누적돼 있는 자
기모순이 크게 정리되는 개벽이 온다**는 것입니다. 그 개벽의 실제상황은
온갖 병이 지속해서 오기 때문에 앞으로 **미래 문명의 키워드, 성공의 열
쇠**라는 것은 **온갖 병란에서 내 생명을 지키는 것, 강건한 몸과 마음, 영혼
을 체득하는 것**입니다. 동서 미래학자들은 앞으로 오는 **인류 문화의 제
1의 주제를 영성문화**라고 합니다.

환국의 우주 광명문화의 부활이 다가오는 이 시점에서 **한국과 러시아
의 비전**이라는 것은 최종적으로 무엇일까요? 바로 **환국에서 당시 동서
양 지구를 다스린 원형**元型 **사상**입니다. 그것은 바로 사자성어로 **홍익
인간**弘益人間입니다. **「환단고기」**와 **「삼국유사」**를 보면, "**석유환국**昔有桓
國", 옛적에 환국이 있었고, 환인께서 '이곳은 가히 홍익인간 할 만한 곳이
다'라고 했습니다. **환국의 아버지 환인이 선언한 것이 바로 홍익인간**弘
益人間입니다.

in a new era wherein the "Supreme Dao (Way) of Mugeuk (Ten)" would emerge and flourish. The Golden Age enjoyed during the Hwanguk period was about to be revived.

According to Donghak, a world of unity, harmony, and peace would never be achieved through oppression, violence, or conflict. This new era would arrive via a great shift of the cosmic order—via, in the Korean language, *gaebyeok*. Donghak's scriptures said: "The fate of the mysterious disease spreading across the entire world—is this not once again *gaebyeok*?"* This was a proclamation that *gaebyeok* was imminent and that it would trigger explosive outbursts of negative energies that had accrued in the spirit realm throughout history, which would ultimately put an end to every form of violence, hatred, and aggression. These outbursts would manifest in the physical world as the catastrophic outbreak of a pandemic spanning the globe. Donghak provided some of the keenest insights into our contemporary world and its future. The world is increasingly vulnerable to various kinds of diseases. At a personal level, we need to build our physical, mental, and spiritual strength. What I would like to put special emphasis upon is spiritual health, because we are now entering the age of spirituality and spiritual enlightenment.

Today, Korea and Russia are facing an opportunity for increased cooperation. For a peaceful coexistence, the two countries should take Hwanguk society as their model. Hwanguk's emperors adopted the philosophy of "fostering far-reaching benefits for all humanity" (*hong-ik ingan*) as part of their state ideology.

---

* The literal translation of the Korean phrase 십이제국 would be "the twelve empires," but it is translated in this passage as "the entire world" because "the twelve empires" was an idiom denoting the entire world. The number 'twelve' reflects the duodecimal cosmological ideas of the peoples of East Asia, who believed that the universe was organized in a twelve-part system. 'Empires' explicitly represented imperialist states who aimed to extend their rule over other countries through military force or political power.

홍익인간은 인간으로서 가장 이상적이고 궁극적인 인간상, 이 세상을 널리 이롭게 할 수 있는 사람을 말합니다. 다시 말해 **상생의 가을 개벽 문화 시대에 필요한 진정한 인간주의가 바로 홍익인간**입니다. 이 홍익인간에는 항상 **재세이화**在世理化가 붙어 다닙니다. 재세이화는 이 세상에 살면서 **인류의 황금시절의 우주광명 문화, 신교**神敎(신의 가르침)를 받을 수 있는 밝은 마음으로 세상을 다스리는 것입니다. 우주의 통치자이신 삼신상제님의 지구촌 통치 핵심 이념이 바로 '홍익인간 재세이화'입니다.

러시아 현대사의 바탕이 되는 **사회주의 평등사상의 원형도 홍익사상**입니다. 인류 사회를 이롭게 하는 **홍익인간, 재세이화** 사상입니다. 이런 사상은 **근대 역사의 출발점인 동학의 개벽**開闢**문화**를 통해 다시 시작되었습니다.

홍익인간은 천지부모와 한마음이 된 사람입니다. 다른 말로는 **태일**太－ **인간** 또는 **대한**大韓(크게 밝은 사람)이라 합니다. 태일문화의 배경은 바로 **근대 동학의 개벽문화**로 선언된 '가을 세상이 온다.'는 것입니다. **앞으로 우주의 가을철 문화가 열립니다.**

이 우주의 일 년은 봄, 여름, 가을, 겨울로 **12만 9천 6백 년으로 순환**을 합니다. 지금 과학에서도 12만에서 13만 년마다 **지구의 빙하기, 큰 겨울철이 온다**고 합니다. **12만 9천 6백 년이 우주의 봄·여름·가을·겨울**인데 봄·여름은 선천先天이고, 가을·겨울은 후천後天입니다. 지금은

여동빈呂洞賓 (1,200여 년 전 당나라의 대신선)
Lü Dongbin (796 CE–?).

The Hwanguk nation existed long ago. Hwanung of Seojabu aspired to save all under heaven and bring deliverance to the human world.

Perceiving his son's aspiration, Hwanin, ruler of Hwanguk, gazed upon Mt. Sanwei and Mt. Taebaek and deemed both suitable for fostering wide-reaching benefits for humanity. ("Old Joseon" chapter, *Samguk Yusa*)

'Fostering far-reaching benefits for all humanity' is a humanitarian notion which places the greatest of value on the dignity and happiness of humankind. It describes a quality of an ideal human being as modeled by the emperors of Hwanguk. This quality is of greater importance than ever in our contemporary times when the world is facing the Autumn Gaebyeok. Realizing their own inner divinity and effulgence, the emperors of Hwanguk ruled by consulting Triune God and receiving a direct divine revelation from him in all undertakings (*jaese ihwa*). Hwanguk's ideology of "fostering far-reaching benefits for all humanity" became the ideological foundation of various modern philosophies. In Russia, it developed into egalitarian philosophies such as socialism and communism; in Korea, it was revived as the *gaebyeok* philosophy of the Donghak movement.

Only those who have achieved unity with heaven and earth can truly 'foster far-reaching benefits for all humanity' (*hong-ik ingan*). Some of the Korean terms that describe this concept include *tae-il* ('a person who has attained ultimate oneness') and *daehan* ('a person who has realized great inner effulgence'). As proclaimed by Donghak, we are now facing the new era called the 'Later Heaven.'* The Later Heaven will be an era of maturation

---

* **Later Heaven.** According to Donghak and Jeung San Do, the universe is in a ceaseless cycle of yin and yang dualism, or the fourfold process of birth, growth, harvest, and rest. This cycle is called the 'cosmic year,' which spans 129,600 calendar years. The first half of the cycle is called the 'Early Heaven' and the latter half is called the 'Later Heaven.' The Early Heaven lasts 50,000 years and the Later Heaven similarly lasts 50,000 years. Then comes the great ice age when all life activities come to a halt.

이번 우주 일 년에서 불의 계절 여름이 끝나고, 가을 세상으로 들어가는 때입니다. 이 가을 우주의 성숙한 인간이 되기 위해서는 천지부모와 하나(한마음) 되는 태일 인간으로 살아야 합니다.

이를 외친 분이 1,200여 년 전 **중국 당나라 때 대신선인 여동빈**呂洞賓입니다. **여동빈**은 **도교**道教 **신선**神仙문화의 중심이 되는 인물입니다. 이 분이 지은 책이 『**태을금화종지**太乙金華宗旨』입니다. 여기서 여동빈은 "**태을자**太乙者는 **무상지위**無上之謂다." **태을**太乙이라는 것은 **우주 궁극의 조화**造化 자리라고 정의하고 있습니다.

앞으로 실제 가을 우주로 들어가는 인류가 이 세상을 위해서 **상생**相生의 마음을 여는 공부가 있습니다. 상생의 새 우주 질서, 가을우주의 새 문화를 열어줄 수 있는 공부, 천지와 하나되는 사람이 되게 해 주는 공부, 천지와 한 마음이 되어 천지 조화기운을 받아 내리는 공부가 있습니다. 그것이 바로 태을주太乙呪 공부입니다. 태을주는 참동학에서 나왔습니다. 환국 땅에서 나온 태일太一문화, 그것이 실제적으로 이루어지는 신성의 상징이 **태을**太乙입니다. 태을이 되게 해주는 주문呪文이 스물 석 자 태을주太乙呪입니다.

태을주太乙呪

훔 치
吽 哆

태 을 천 상 원 군 훔 리 치 야 도 래 훔 리 함 리 사 파 하
太乙天上元君 吽哩哆哪都來 吽哩喊哩 娑婆訶

훔 치
吽 哆

태을太乙문화는 **우주의 원십자**입니다. 그것을 **수**數로 말하면 **태일**太一입니다. 때로는 **우물 정**井 자로도 이야기합니다. 『환단고기』를 보면 「삼성기」 첫 페이지에 우물이 나옵니다. **환국에서 온 환웅**이 제일 먼저 백두산 근교에 있는 넓은 들 **천평**天坪에다가 **자정**子井과 **여정**女井이

and unification and of a greater level of fulfillment and comple-
tion, symbolized by 'ten' or by the season autumn. In that new era,
life's true meaning will be found by attaining great unity (*tae-il*).

There was a man who disclosed the secret way of returning to
the great unity. He was Lü Dongbin, a Chinese scholar and poet
during the Tang Dynasty approximately 1,200 years ago. A person
both real and legendary, Lü is known as one of the Daoist immor-
tals in Chinese mythology. In his book *The Secret of the Golden
Flower* (the Chinese title of which was 太乙金華宗旨), Lü wrote
about 'Taeeul (太乙),' the ultimate source from which all things
were born. He said, "The great One [Taeeul] is the term given to
that which has nothing above it."*

The concept of 'Taeeul' holds the key to finding the secret way of
attaining great unity. Jeung San Do, the true heir of the Donghak
movement, has this concept within our mantra. Our mantra, the
Taeeulju Mantra, is a tool that leads one to a unity. This sacred ver-
bal formula, when repeated in prayer, meditation, or incantations,
enables one to realize their inherent 'one' (*tae-il*). Through continu-
ous practice, they experience themselves as being in a state of unity
with heaven and earth. The practice of Taeeulju Mantra meditation
is the way for people to become fully open to the power of Father
Heaven and Mother Earth and to become capable of creating a new
order based on unity, peace, and harmony.

The Taeeulju Mantra

吽哆
　　太乙天上元君 吽哩哆哪都來 吽哩喊哩 娑婆訶
吽哆

Hoom-chi Hoom-chi
Tae-eul-cheon Sang-won-gun
Hoom-ri-chi-ya-do-rae Hoom-ri-ham-ri-sa-pa-ha

Some of the shapes that are representative of the concept of
Taeeul include the cross and the 井 "well" symbols. The 井 symbol,

---

* Source: *The Secret of The Golden Flower*, translated by Richard Wilhelm, 1962.

라는 **우물**을 팠다는 것입니다. 그 **자정과 여정**은 단순한 우물일까요? 그것이 바로 **천지부모와 한마음이 되는**, 새로운 생명으로 거듭나는 샘입니다. 그것은 또한 **초기 원형문화의 사회집단, 국가, 영성문화, 지혜로운 사람들의 삶**을 상징하기도 합니다.

　21세기 한국과 러시아가 영원한 동반자가 되는 길은 두 나라가 같은 뿌리, **환국에서 나왔다**는 데에서 찾을 수 있습니다. **환국**은 우리 **한국인의 고향**이며, 중국인의 고향이며, 유럽의 모든 나라의 문화의 고향입니다. 나아가서 **아프리카, 지구의 동서남북 모든 문명** 그리고 세계 시민의 **영원한 문화의 고향**이 지금의 러시아, 환국 땅입니다. 동방의 **한국**은 환국의 역사를 기록해서 가지고 있는 자랑스러운 나라입니다. 호주에 있는 한 영성 작가는 이런 말을 했습니다. "서양의 문화는 반드시 동양의 지혜와 연합되어야 한다. 만약에 이것이 이루어진다면 **옛적의 그 조화로움은 회복될 것이다.**" 앞으로 그 **영광의 시절**, 황금시절의 우주 광명의 **환국 문화, 천지부모 신교문화의 대도 정신을 회복**해야 합니다.

　환국은 인류에게 무엇일까요? 지금 **환국은 잊힌 나라, 망각에 깊이 잠든 나라**입니다. 그러나 **온 인류의 가슴속에서 깨어나는**, 우리들 모두의 **문화의 고향**입니다. 오늘 이 한마디를 전해 드리면서, **위서**僞書로 몰아붙였던 **금서**禁書, 죽음의 책이었던 『**환단고기**』, 그러나 마지막 왕조 **조선의 임금님들**이 품 안에 넣고 읽었던, **위대한 옛 역사의 영광을 복원**시켜 주는 이 『**환단고기**』를 밝은 **지성의 안목**으로, **긍정적인 시각**으로 제대로 읽어보시기 바랍니다. 오늘 이 행사가 **러시아가 문화대국의 옛 모습을 되찾는 역사적인 계기**가 되기를 축원하면서 말씀을 모두 마칠까 합니다.

　감사합니다.

which resembles the symbol for "pound," frequently appears on ancient Slavic artifacts. The *hanja* character 井 imitates the form of a water well, which was a basic requirement for establishing ancient communities. Interestingly enough, the first thing Hwanung did when founding the Baedal nation was to construct wells—two wells, for separate use by men and women. The water wells in the ancient world were not only sources of drinking water, but also holy places (sanctuaries) for bathing, meditation, and prayer. For the ancient peoples, wells were a representation of eternal life and rebirth. They were also the symbol of a nation or a community of enlightened people.

The path for Korea and Russia to become eternal partners in the twenty-first century involves acknowledging that Korea and Russia have the same roots. We came from Hwanguk. Hwanguk was not only the origin of Koreans and Russians, but the origin of the Chinese people and the home of all the nations of Europe, Africa, and every corner of the globe. We are living in an era in which we all must return to unity. It is the time when Western knowledge and Eastern wisdom must harmoniously cooperate. Only by rediscovering Hwanguk can we become one and bring back the Golden Age of enlightenment, wherein every human being will realize their immanent divinity.

I want to leave you with this message: "Hwanguk is a forgotten nation, the truth of which remains completely hidden. But it is the home of every single one of us, and its lost history is beginning to be recovered." I hope you read *Hwandan Gogi*, a book once forbidden, but which, by revealing the past glory of a single united nation in the ancient world, enables us to envision a harmonious and blissful future for humanity. I hope today's event becomes a historical first step toward restoring Russia's pride and glory. May this journey be a blessing.

Thank you.